ユーキャンの

個人情報保護士

これだけ！一問一答集

第3版

おことわり

本書は、個人情報保護法に関し、令和３年の改正法（令和３年法律第37号）の全面施行（令和５年４月１日）時の内容を基準としています。また、他の法令については、令和５年４月１日現在で判明している、全面施行時の法律内容に対応する法令（ガイドライン等を含む）に準拠して執筆されています。

なお、執筆以後の法改正情報等については、『ユーキャンの本』ウェブサイト内「追補（法改正・正誤）」にて、適宜お知らせいたします。

https://www.u-can.co.jp/book/information

ユーキャンのこれだけ！一問一答集 ここがポイント！

直前期まで学習をサポートする強い味方！

本書は、試験までにこれだけ！は確認しておきたい重要事項を一問一答形式で演習できる問題集です。いつでもどこでも手軽に使えるコンパクトサイズ&赤シートつきで、限られた時間の中での学習をしっかりサポートします。

受験対策に必須の基本事項を網羅した600問＋α

過去の本試験の出題傾向に基づいて、繰り返し問われる重要事項を600問の○×問題にしました。解答解説は見開きで掲載しているので、知識の確認がスムーズに行えます。
加えて、一問一答形式では対策しづらい計算問題や図表を用いた問題もしっかり収録しています。

横断的に学習できる要点まとめページ

一問一答では体系的に理解しづらい重要項目は、「POINTマスター」のページにまとめてあります。大事なポイントを図表などで横断的に解説しているので、一問一答とあわせて効率よく学習することができます。

本書の使い方

本書は、○×形式の一問一答ページ、要点まとめページ、本試験形式の問題ページで構成されています。問題ページで知識を確認し、まとめページでポイントを整理することができます。

1 一問一答で知識を確認

まずは、赤シートで右ページの解答を隠しながら問題を解き、自分の理解度を確認しながら学習しましょう。

2 右ページの解説をチェック

間違えた問題はしっかり解説を確認し、確実に理解しましょう。正解した問題も解説を読み、プラスアルファの知識を吸収しましょう。

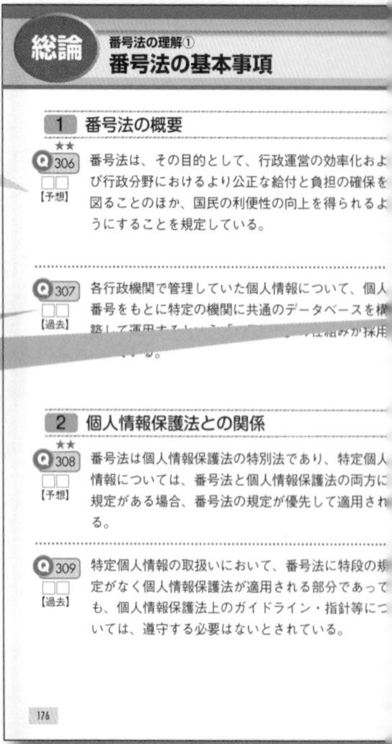
総論 番号法の理解①

番号法の基本事項

1 番号法の概要

★★

Q306 【予想】 番号法は、その目的として、行政運営の効率化および行政分野におけるより公正な給付と負担の確保を図ることのほか、国民の利便性の向上を得られるようにすることを規定している。

Q307 【過去】 各行政機関で管理していた個人情報について、個人番号をもとに特定の機関に共通のデータベースを構

2 個人情報保護法との関係

★★

Q308 【予想】 番号法は個人情報保護法の特別法であり、特定個人情報については、番号法と個人情報保護法の両方に規定がある場合、番号法の規定が優先して適用される。

Q309 【過去】 特定個人情報の取扱いにおいて、番号法に特段の規定がなく個人情報保護法が適用される部分であっても、個人情報保護法上のガイドライン・指針等については、遵守する必要はないとされている。

176

● 出典の明記

【予 想】⇨オリジナル問題です。

【過 去】⇨本試験で出題された問題だということを表しています。

問題にも解説にも、チェックボックスが2回分。繰り返しが学習効果を高めます。

● 重要度の表示

高い ★★ ★ 重要度 低い

過去の出題傾向を踏まえた重要度を三段階で表記。★★、★がついている問題の知識は必須です。

3 要点まとめページで横断整理

一問一答だけではフォローしきれない重要項目は、『POINT マスター』ページでポイントを整理しましょう。

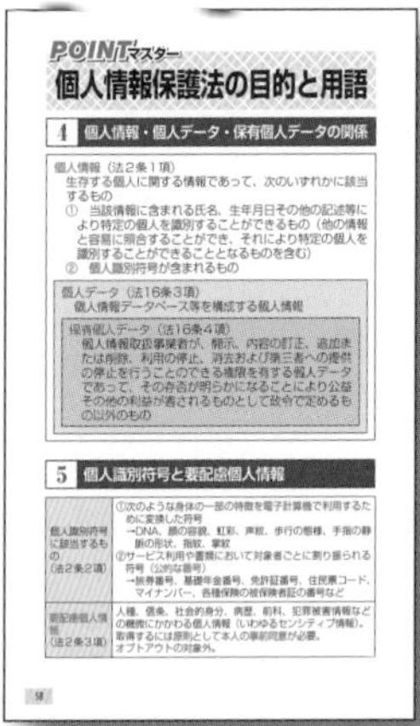

POINTマスター

個人情報保護法の目的と用語

4 個人情報・個人データ・保有個人データの関係

個人情報（法2条1項）
生存する個人に関する情報であって、次のいずれかに該当するもの
① 当該情報に含まれる氏名、生年月日その他の記述等により特定の個人を識別することができるもの（他の情報と容易に照合することができ、それにより特定の個人を識別することができることとなるものを含む）
② 個人識別符号が含まれるもの

個人データ（法16条3項）
個人情報データベース等を構成する個人情報

保有個人データ（法16条4項）
個人情報取扱事業者が、開示、内容の訂正、追加または削除、利用の停止、消去および第三者への提供の停止を行うことのできる権限を有する個人データであって、その存否が明らかになることにより公益その他の利益が害されるものとして政令で定めるもの以外のもの

5 個人識別符号と要配慮個人情報

個人識別符号に該当するもの（法2条2項）	①次のような身体の一部の特徴を電子計算機で利用するために変換した符号 →DNA、顔の容貌、虹彩、声紋、歩行の態様、手指の静脈の形状、指紋、掌紋 ②サービス利用や書類において対象者ごとに割り振られる符号（公的な番号） →旅券番号、基礎年金番号、免許証番号、住民票コード、マイナンバー、各種保険の被保険者証の番号など
要配慮個人情報（法2条3項）	人種、信条、社会的身分、病歴、前科、犯罪被害情報などの機微にかかわる個人情報（いわゆるセンシティブ情報）。取得するには原則として本人の事前同意が必要。オプトアウトの対象外。

58

『実践トライ !!』では過去問題（一部改変あり）の中から、一問一答形式にはなじまない計算問題や図表を用いた問題を本試験形式で掲載。

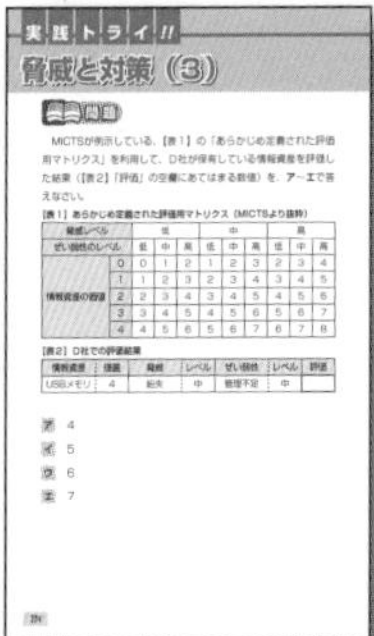

実践トライ !!

脅威と対策（3）

問題

MICTSが例示している、【表1】の「あらかじめ定義された評価用マトリクス」を利用して、D社が保有している情報資産を評価した結果（【表2】「評価」の空欄にあてはまる数値）を、ア～エで答えなさい。

【表1】あらかじめ定義された評価用マトリクス（MICTSより抜粋）

脅威レベル		低			中			高		
ぜい弱性のレベル		低	中	高	低	中	高	低	中	高
情報資産の価値	0	0	1	2	1	2	3	2	3	4
	1	1	2	3	2	3	4	3	4	5
	2	2	3	4	3	4	5	4	5	6
	3	3	4	5	4	5	6	5	6	7
	4	4	5	6	5	6	7	6	7	8

【表2】D社での評価結果

情報資産	価値	脅威	レベル	ぜい弱性	レベル	評価
USBメモリ	4	紛失	中	管理不足	中	

ア 4
イ 5
ウ 6
エ 7

総論 番号① 番号法の基本事項

番号法の目的、個人情報保護法との関係、番号法の基本的な用語を理解しておきましょう。

306 □□ 番号法は、行政運営の効率化および行政分野におけるより公正な給付と負担の確保を図り、かつ、国民が、手続の簡素化による負担の軽減等の利便性の向上を得られるようにするために必要な事項を定めることを目的としている（法1条）。 ○

307 □□ 番号制度の導入後も、各行政機関で管理していた個人情報について、個人番号をもとに特定の機関に共通のデータベースを構築して運用する仕組みは採用されておらず、導入前と同様に引き続き分散管理の仕組みが採用されている。 ×

308 □□ 特定個人情報については、番号法が特別法、個人情報保護法が一般法であり、番号法の規定が優先して適用される。 ○

問題文が正しい場合には、解説で問題に付随あるいは関連する事項を説明しているものもあります。

解説ページは『穴埋め問題集』としても活用できます！

赤字の重要部分を赤シートを使い、穴埋め形式でチェックすることも可能です。

凡例：法令等の略記（正式名称　→　本書での略称）

個人情報の保護に関する法律　→　個人情報保護法
個人情報の保護に関する法律施行令　→　個人情報保護法施行令
個人情報の保護に関する法律施行規則
　→　個人情報保護法施行規則
個人情報保護委員会のガイドライン

- ●個人情報の保護に関する法律についてのガイドライン（通則編）　→　通則ガイドライン
- ●個人情報の保護に関する法律についてのガイドライン（外国にある第三者への提供編）→　外国第三者提供ガイドライン
- ●個人情報の保護に関する法律についてのガイドライン（第三者提供時の確認・記録義務編）　→　確認記録義務ガイドライン
- ●個人情報の保護に関する法律についてのガイドライン（仮名加工情報・匿名加工情報編）　→　仮名加工情報・匿名加工情報ガイドライン
- ●個人情報の保護に関する法律についてのガイドライン（認定個人情報保護団体編）　→　認定個人情報保護団体ガイドライン
- ●個人情報の保護に関する法律についてのガイドライン（行政機関等編）　→　行政機関等ガイドライン

行政手続における特定の個人を識別するための番号の利用等に関する法律　→　番号法（注）
行政手続における特定の個人を識別するための番号の利用等に関する法律施行令　→　番号法施行令
行政手続における特定の個人を識別するための番号の利用等に関する法律施行規則　→　番号法施行規則

なお、法律、施行令、施行規則の条文番号を記載する場合、問題文あるいは記述項目・内容から該当する法令名が明確であるときは、単に「法」「令」「規則」と表記している（例:法16条1項）。

（注）「行政手続における特定の個人を識別するための番号の利用等に関する法律」は、一般に「マイナンバー法」と呼ばれ、個人情報保護士認定試験の試験要項でも「マイナンバー法の理解」と記載されているが、本書では、試験問題での表記に合わせ、「番号法」という略称で統一している。

目次

【課題Ⅱ】個人情報保護の対策と情報セキュリティ

脅威と対策

組織的・人的セキュリティ

オフィスセキュリティ

情報システムセキュリティ

POINTマスター一覧

個人情報保護士認定試験 概要

個人情報保護士認定試験 とは

個人情報保護法の理解に加え、企業活動における情報管理のエキスパートであることを認定する試験です。

（1）出題範囲

課題	出題内容	
【課題Ⅰ】個人情報保護の総論（50問）	個人情報保護法の理解	個人情報保護法の歴史
		個人情報に関連する事件・事故
		各種認定制度
		個人情報の定義と分類
		個人情報取扱事業者
		条文に対する知識と理解
	マイナンバー法の理解	番号法の背景・概要
		条文に対する知識と理解
【課題Ⅱ】個人情報保護の対策と情報セキュリティ（50問）	脅威と対策	脅威と脆弱性に対する理解
	組織的・人的セキュリティ	組織体制の整備
		人的管理の実務知識
	オフィスセキュリティ	物理的管理の実務知識
	情報システムセキュリティ	技術的管理の実務知識

（2）受験資格

年齢、学歴、国籍等に関係なく、誰でも受験することができます。

（3）試験日程

年４回（年度により実施日が異なりますので、主催団体にお問い合わせください。）

（4）問題形式

選択式（４択）

（オンライン受験、会場受験、CBT 受験）

（5）出題数・試験時間

出題数			試験時間
【課題Ⅰ】	【課題Ⅱ】	合計	
50 問	50 問	100 問	150 分

（6）合格基準

課題Ⅰ、課題Ⅱ　各 70％以上

ただし、問題の難易度により調整され、正答率 70％以下でも合格とされる場合があります。

（7）主催団体

一般財団法人　全日本情報学習振興協会
〒101 － 0061　東京都千代田区神田三崎町３－７－12
清話会ビル５階
TEL　03 － 5276 － 0030
URL　https://www.joho-gakushu.or.jp

（一財）全日本情報学習振興協会について

文部科学大臣の設立許可を受けて平成 11 年に設立。個人情報保護士認定試験をはじめ、DX 推進アドバイザー認定試験情報セキュリティ管理士認定試験、マイナンバー実務検定などの情報リテラシー系検定試験、情報保護系認定試験の開催を通して、児童から社会人までの情報学習に取り組んでいる。平成 26 年に一般財団法人化。

総論

個人情報保護法の理解①

個人情報保護法の背景と取り組み

1 個人情報保護法制定の社会的背景・経緯

★★
Q 1 □□【過去】
個人情報保護法は、国際的な情報流通の拡大・IT化を背景として制定された。

★
Q 2 □□【過去】
個人情報保護法制定の背景として、プライバシー等の個人の権利利益侵害の危険性や不安感が増大したことが挙げられる。

Q 3 □□【予想】
いわゆる住基ネット（住民基本台帳ネットワークシステム）の実施等、公的分野で情報管理の電子化が進展したことは、個人情報保護法制定の背景の１つといえる。

★★
Q 4 □□【予想】
わが国で個人情報保護法が制定された後、OECD（経済協力開発機構）に加盟するほとんどの国でも民間部門を対象とした個人情報保護法制が整備された。

Q 5 □□【予想】
個人情報保護法制定の社会的背景として、個人情報の漏えい事故・事件が多発したことにより、漏えいした者を罰するための法整備が急がれたことが挙げられる。

わが国において個人情報保護法が制定されるに至った背景と経緯、および個人情報保護にかかわりのある諸制度について理解しておきましょう。

A 1 □□

国際的な情報流通の拡大のほか、わが国におけるコンピュータの高性能化やインターネットの普及など官民通じてのIT社会の急速な進展があったことは、個人情報保護法制定の背景の１つである。 ○

A 2 □□

国民の憲法上の権利との関連で、国民におけるプライバシー等の個人の権利利益が侵害される危険性・不安感の増大が個人情報保護法制定の背景として挙げられる。 ○

A 3 □□

個人情報保護法制定の背景の１つとして、いわゆる住基ネット（住民基本台帳ネットワークシステム）の実施等、公的分野で情報管理の電子化が進展したことが挙げられる。 ○

A 4 □□

個人情報保護法制定の背景の１つとして、OECD（経済協力開発機構）に加盟するほとんどの国で民間部門を対象とした個人情報保護法制が整備されていたことが挙げられる。わが国の個人情報保護法の制定が先行していたわけではない。 ×

A 5 □□

個人情報の漏えい事故・事件が多発し、その防止のために事業者の守るべき義務を定める法律の整備が行われた。個人情報を漏えいした者を罰するための法律の制定が進められたのではない。 ×

★
Q 6 □□【過去】

個人情報保護法の制定以前には、我が国において、個人情報保護について定めた法律は存在しなかった。

2 OECD 8原則

★★
Q 7 □□【予想】

OECD 8原則の中には、「個人データに係る開発、運用および政策については、一般的な公開の政策がとられなければならず、個人データの存在、性質およびその主要な利用目的とともにデータ管理者の識別、通常の住所をはっきりさせるための手段が容易に利用できなければならない」という公開の原則があるが、この原則は、個人情報保護法上の適正な取得義務に反映されている。

★
Q 8 □□【予想】

OECD 8原則のうち、個人は、（a）データ管理者が自己に関するデータを有しているか否かについてデータ管理者またはその他の者から確認を得ること、（b）自己に関するデータを（ⅰ）合理的な期間内に、（ⅱ）もし必要なら、過度にならない費用で、（ⅲ）合理的な方法で、（ⅳ）自己にわかりやすい形で、自己に知らしめられることとの権利を有するとする「個人参加の原則」は、個人情報保護法上の保有個人データの開示に反映されている。

Q 9 □□【予想】

OECD理事会勧告は、加盟国に強制されるものであり、法的拘束力を持つため、各国の個人情報保護法制では、OECD 8原則に忠実に制定されている。

A 6 □□

個人情報保護法は、2003年5月に制定されたが、我が国においては、それ以前にも1988年に公布された「行政機関の保有する電子計算機処理に係る個人情報の保護に関する法律」が存在した。 ×

A 7 □□

OECD8原則中の公開の原則は、取得に際しての利用目的の通知等（法21条）や保有個人データに関する事項の公表等（法32条）などの個人情報保護法上の義務に反映されている。 ×

A 8 □□

OECD8原則中の個人参加の原則は、個人情報保護法上の保有個人データの開示（法33条）のほか、訂正等（法34条）、利用停止等（法35条）などにも反映されている。 ○

A 9 □□

OECD理事会勧告は、加盟国に強制するものではなく、法的拘束力も持たない。OECD8原則は、各国の個人情報保護法制の基本となっているが、忠実に制定されているわけではない。 ×

★★
Q 10 □□ 【予想】

OECD８原則の１つである「個人データは、利用目的に沿ったもので、かつ、正確・完全・最新であるべき」とするデータ内容の原則は、個人情報保護法上のデータ内容の正確性の確保等に反映されている。

★★
Q 11 □□ 【予想】

OECD８原則の中には「個人データは、適法・公正な手段により、かつ情報主体に通知または同意を得て収集されるべきである」とする収集制限の原則があるが、この原則は個人情報保護法上の適正な取得に反映されている。

3 JIS Q 15001

★
Q 12 □□ 【過去】

JIS Q 15001は、個人情報保護法の付属文書としての性質を有する規格にすぎず、個人情報保護法以上に事業者の講じるべき事項を定めているものではない。

★
Q 13 □□ 【過去】

JIS Q 15001は、個人情報保護法に基づく個人情報保護ルール及びマネジメントシステムを併せ持った日本産業規格である。

Q 14 □□ 【予想】

JIS Q 15001は、個人情報保護法の成立後に、同法に定める事業者の義務を具体的に定めたガイドラインとして、制定された規格である。

A 10 □□
個人情報保護法上、データ内容の正確性の確保等は、22条に規定されている。 ○

A 11 □□
個人情報の適正な取得については、法20条に規定されている。 ○

A 12 □□
JIS Q 15001は、個人情報保護法の付属文書ではなく、産業標準化法に基づいて制定された日本産業規格である。また、その内容には、個人情報保護法に対応する事項のほか、事業者が個人情報保護マネジメントシステムを構築するのに必要な事項も含まれる。 ×

A 13 □□
JIS Q 15001では、個人情報保護に関する体制を整備し、適切に運用し、定期的な確認を行い、継続的に改善を行っていくための体系的な仕組み（PDCAサイクル）を構築し、管理することが求められている。 ○

A 14 □□
JIS Q 15001は、1999年に制定されており、2003年に成立した個人情報保護法より前に制定された日本産業規格である。 ×

Q 15 □□【過去】

個人情報保護方針を内部向けと外部向けに分けて策定した場合、JIS Q 15001:2017においては、外部向け個人情報保護方針を文書化した情報について、一般の人が知り得るようにするための一般の人が入手可能な措置を講じなければならないと示している。

Q 16 □□【予想】

JIS Q 15001:2017は、個人情報保護に関する内部監査のほか、パフォーマンス評価を明示している。

4 プライバシーマーク制度

★★ Q 17 □□【過去】

プライバシーマーク制度とは、JIS Q 15001に適合して、個人情報について適切な保護措置を講じる体制を整備している事業者等を認定して、その旨を示すプライバシーマークを付与し、事業活動に関してプライバシーマークの使用を認める制度である。

★ Q 18 □□【過去】

プライバシーマークの認定に当たっては、書類による審査のほか、現地審査も行われる。

A 15 □□

JIS Q 15001:2017では、外部向け個人情報保護方針を文書化した情報について、一般の人が知り得るようにするための一般の人が入手可能な措置を講じなければならないとされている。 ○

A 16 □□

JIS Q 15001:2017は、個人情報保護に関する内部監査について明示するほか、パフォーマンス評価を明示している。 ○

A 17 □□

プライバシーマーク制度とは、JIS Q 15001に準拠した個人情報保護マネジメントシステムを構築し、個人情報の取扱いを適切に行っている事業者等に対して、第三者の立場から客観的に評価・認定してプライバシーマークを付与し、その使用を認める制度である。 ○

A 18 □□

プライバシーマーク付与認定手続においては、JIS Q 15001に準拠した個人情報保護マネジメントシステムが実際に整備・運用されているか否か等を確認するため、書類審査のほか現地審査も行って、認定の可否が通知される。 ○

Q 19 □□【予想】

プライバシーマークは、制度が運用された当初は事業者（法人）単位に限り付与されていたが、現在は、事業部門単位での付与が認められている。

★★
Q 20 □□【予想】

プライバシーマークの有効期間について制限はなく、いったん付与を受けた事業者は半永久的に継続して使用することができる。

Q 21 □□【過去】

プライバシーマーク付与の対象は、日本国内に活動拠点を持つ事業者である。

★
Q 22 □□【過去】

プライバシーマーク付与事業者は、個人情報取扱上の事故を審査機関に報告する義務がある。

A 19 □□

プライバシーマーク制度が運用された1998年当初は、事業部門単位での付与が認められていたが、現在は、事業者（法人）単位で付与されている。 ×

A 20 □□

プライバシーマークの有効期間は２年間とされている。継続して使用するには、期間満了前に更新の手続をする必要がある。 ×

A 21 □□

日本国内に活動拠点を持つ事業者であれば、プライバシーマークの付与を受けることができる。小売業、農業、製造業、運輸・通信業など幅広い業種の事業者が実際に認定を受けている。 ○

A 22 □□

プライバシーマーク付与を受けた事業者は、個人情報の取扱いにおける事故等が発生した場合には、プライバシーマーク付与適格決定を受けたプライバシーマーク指定審査機関に報告しなければならない。 ○

5 ISMS適合性評価制度

★★
Q 23 □□【過去】

情報セキュリティマネジメントシステム（ISMS）適合性評価制度とは、事業者が構築したISMSに対する第三者適合性評価制度である。

Q 24 □□【予想】

ISMS適合性評価制度の認証取得には、業種や組織の規模に条件は設けられていない。

★
Q 25 □□【予想】

事業者の構築した情報セキュリティマネジメントシステム（ISMS）が、ISMS適合性評価制度に適用される認証基準に合致するとして認証登録された場合、通常１年ごとに認証機関の審査を受けることとされている。

Q 26 □□【予想】

プライバシーマーク制度の基準であるJIS Q 15001は、国際基準であるISO/IEC 15001に準拠しているため、国際的に通用する認証制度であるが、ISMS適合性評価制度の基準であるJIS Q 27001は、準拠している国際基準はなく、日本国内の独自の認証制度であり、通用するのは日本国内のみに限られる。

★
Q 27 □□【過去】

事業者がISMS認証を取得する場合、必ず事業者全体で取得しなければならず、各事業部単位で取得することは許されない。

A 23 □□ ○

ISMS（Information Security Management System）適合性評価制度は、国際的に整合性のとれた情報セキュリティマネジメントシステムに対する第三者適合性評価制度である。

A 24 □□ ○

ISMS適合性評価制度の認証取得には、業種や組織の規模に条件は設けられていない。そのため、法人化されているかどうかにかかわらず、公共または民間の会社、法人、企業、機関、あるいはそれらの一部または組み合わせで、独自の機能と管理があり、情報セキュリティのマネジメントを実施する能力を持つ組織であれば、認証を取得できる。

A 25 □□ ○

事業者の構築した情報セキュリティマネジメントシステム（ISMS）が認証登録されると、通常1年ごとに認証機関によるサーベイランス（認証維持）審査が行われる。

A 26 □□ ×

ISMS適合性評価制度の基準であるJIS Q 27001は、国際基準であるISO/IEC 27001に準拠しているため、国際的に通用する認証制度であるが、プライバシーマーク制度の基準であるJIS Q 15001は、準拠している国際基準は特になく、日本国内の独自の認証制度である。

A 27 □□ ×

プライバシーマーク制度と異なり、ISMS適合性評価制度においては、ISMS認証取得の範囲に制限はない。

POINTマスター

個人情報保護法の背景と取り組み

1 OECD 8原則と個人情報取扱事業者の義務規定の対応

OECD8原則	個人情報取扱事業者の義務
目的明確化の原則 個人データ収集の際に収集目的を明確にし、データ利用は収集目的に合致すべきである	利用目的の特定（法17条） 利用目的による制限（法18条） 第三者提供の制限（法27条～30条）
利用制限の原則 データ主体の同意がある場合や法律の規定による場合を除き、収集したデータを目的以外に利用してはならない	
収集制限の原則 個人データは、適法・公正な手段により、かつデータ主体に通知または同意を得て収集されるべきである	適正な取得（法20条）
データ内容の原則 個人データは、その利用目的に沿ったもので、かつ、正確・完全・最新であるべきである	データ内容の正確性の確保等（法22条）
安全保護の原則 個人データは、合理的な安全保護措置により、紛失・不当アクセス・破壊・使用・修正・開示等の危険から保護すべきである	安全管理措置（法23条） 従業者の監督（法24条） 委託先の監督（法25条）
公開の原則 データ収集の実施方針等を公開し、データの存在、利用目的、管理者等を明示すべきである	取得に際しての利用目的の通知等（法21条） 保有個人データに関する事項の公表等（法32条） 開示（法33条） 訂正・追加・削除(法34条) 利用停止・消去等（法35条）
個人参加の原則 自己に関するデータの所在および内容を確認させるべきである	
責任の原則 データ管理者は、上記の諸原則を実施する責任を有する	苦情の処理（法40条）

2 プライバシーマーク制度と ISMS 適合性評価制度

	プライバシーマーク制度	ISMS適合性評価制度
基準となる規格	JIS Q 15001:2017（国内基準）	JIS Q 27001:2014 ISO/IEC 27001:2013（国際基準）
認証単位	事業者単位	取得企業が選択（全社、支社、部門など）
保護対象	事業者の取り扱う個人情報	組織が保護すべき情報資産（ハード・ソフト、個人情報を含む）
要求事項	適切な個人情報の取扱い	情報資産の機密性・完全性・可用性の維持
更新	2年ごと	3年ごと、および1年ごとの認証維持審査

3 個人情報等の用語と個人情報取扱事業者の義務の対応

	個人情報取扱事業者の義務
個人情報	個人情報の適正な取得・取扱い 利用目的の特定（法17条）　利用目的による制限（法18条）　不適正な利用の禁止（法19条） 適正な取得（法20条）　利用目的の通知等（法21条） 苦情の処理（法40条）
個人データ	個人データの適切・安全な管理 正確性の確保等（法22条）　安全管理措置（法23条） 従業者の監督（法24条）　委託先の監督（法25条）
	第三者提供の制限（法27条～30条）
保有個人データ	保有個人データの開示・利用停止請求等への対応 保有個人データに関する事項の公表等（法32条） 開示（法33条）　訂正・追加・削除（法34条） 利用停止・消去等（法35条）　理由説明（法36条） 開示手続（法37条）　手数料（法38条）

個人情報保護法の理解②

個人情報保護法の目的と用語

1 個人情報保護法の目的・基本理念

★★
Q 28 □□【過去】

個人情報保護法は、個人の権利利益を保護することを目的とするが、個人情報の有用性には配慮していない。

Q 29 □□【過去】

個人情報保護法は、その目的において、個人のプライバシー保護を明記している。

★★
Q 30 □□【過去】

個人情報保護法は、その基本理念において、個人情報は、個人の人格尊重の理念の下に慎重に取り扱われるべきものであると定めている。

Q 31 □□【予想】

個人情報保護法３条に規定する基本理念は、同法に定める義務規定が適用されない事業者に対しても適用される。

個人情報、個人情報データベース等、個人情報取扱事業者などの基本的な用語の定義を正確に押さえておきましょう。

A 28 □□ 個人情報保護法は、個人情報の適正かつ効果的な活用が新たな産業の創出ならびに活力ある経済社会および豊かな国民生活の実現に資するものであることその他の個人情報の有用性に配慮しつつ、個人の権利利益を保護することを目的としている（法１条）。 ×

A 29 □□ 個人情報保護法は、その目的規定（法１条）において、個人のプライバシー保護は明記していない。 ×

A 30 □□ 個人情報保護法は「個人情報は、個人の人格尊重の理念の下に慎重に取り扱われるべきものであることに鑑み、その適正な取扱いが図られなければならない」と定めている（法３条）。 ○

A 31 □□ 個人情報保護法３条に規定する基本理念は、同法に定める義務規定が適用されない事業者に対しても適用される（法57条参照）。 ○

2 国・地方公共団体の責務

★★
Q 32 □□【予想】

国は、個人情報保護法の趣旨にのっとり、国の機関、地方公共団体の機関、独立行政法人等、地方独立行政法人および事業者等による個人情報の適正な取扱いを確保するために必要な施策を総合的に策定し、これを実施する責務を有する。

Q 33 □□【過去】

個人情報保護法上、地方公共団体が個人情報の保護に関する施策を講じるに当たっては、国の全面的な指導監督に服するとされている。

★★
Q 34 □□【過去】

地方公共団体は、個人情報の適正な取扱いを確保するため、その区域内の事業者及び住民に対する支援に必要な措置を講じるよう努めなければならない。

Q 35 □□【予想】

個人情報保護法上、国および地方公共団体は、民間事業者の個人情報の取扱いをめぐる紛争に関して率先して介入し解決を図るものとされている。

A 32 □□

法４条は、国は、個人情報保護法の趣旨にのっとり、国の機関、地方公共団体の機関、独立行政法人等、地方独立行政法人および事業者等による個人情報の適正な取扱いを確保するために必要な施策を総合的に策定し、およびこれを実施する責務を有すると定めている。 ○

A 33 □□

国および地方公共団体は、個人情報の保護に関する施策を講ずるにつき、相協力するものと定められており（法15条）、地方公共団体が国の全面的な指導監督に服するわけではない。 ×

A 34 □□

法13条は、個人情報の適正な取扱いを確保するため、地方公共団体がその区域内の事業者および住民に対する支援に必要な措置を講ずるよう努めなければならないと定めている。 ○

A 35 □□

個人情報の取扱いに関し事業者と本人との間に生じた苦情が適切かつ迅速に処理されるようにするため、国は必要な措置を講ずるものとされており、また、地方公共団体は必要な措置を講ずるよう努めるものとされているが（法10条、14条）、紛争に関して率先して介入し解決を図るものとはされていない。 ×

3 個人情報

Q 36 □□【予想】

「個人情報」とは、生存する個人に関する情報であって、当該情報に含まれる氏名、生年月日その他の記述等により特定の個人を識別することができるもの、または、個人識別符号が含まれるものをいう。

Q 37 □□【予想】

映像メディアに記録された映像記録や防犯カメラに記録された映像は「個人情報」に当たるが、音声による情報は「個人情報」には当たらない。

Q 38 □□【過去】

暗号処理によって秘匿化された情報は、「個人情報」には当たらない。

★
Q 39 □□【過去】

官報や電話帳に掲載され、公にされている情報は、「個人情報」に当たる可能性がある。

★★
Q 40 □□【過去】

他の情報と容易に照合することができ、それにより特定の個人を識別することができることとなる情報は、「個人情報」に当たる。

A 36 □□

「個人情報」とは、生存する個人に関する情報であって、当該情報に含まれる氏名、生年月日その他の記述等により特定の個人を識別することができるもの、または、個人識別符号が含まれるものをいうとされている（法2条1項）。 ○

A 37 □□

映像も音声も、生存する個人に関する情報であって、特定の個人を識別することができるものである場合、「個人情報」に当たる（法2条1項）。 ×

A 38 □□

暗号化された情報も、暗号の復号化や解読によって、生存する特定の個人を識別することができるものとなる限り、「個人情報」に当たる（法2条1項）。 ×

A 39 □□

生存する個人に関する情報であって、特定の個人を識別することができるものである限り、公にされている情報であっても、「個人情報」に当たる（通則ガイドライン）。 ○

A 40 □□

「個人情報」には、他の情報と容易に照合することができ、それにより特定の個人を識別することができることとなる情報も含まれる（法2条1項1号かっこ書）。 ○

Q 41 □□【過去】
電子計算機等で電磁的処理（コンピュータ処理）をされていない情報は、「個人情報」には当たらない。

Q 42 ★ □□【過去】
特定の生存する外国人に関する情報は、「個人情報」に含まれる。

Q 43 ★★ □□【予想】
特定の死者に関する情報は、原則として「個人情報」に当たらないが、遺族等の「個人情報」に当たることがある。

Q 44 ★ □□【過去】
企業の財務情報は、「個人情報」に当たらない。

Q 45 ★ □□【過去】
特定の個人が創作したノウハウや特定の個人の行動に関する情報は、「個人情報」に当たらない。

Q 46 □□【予想】
歩行の際の姿勢および両腕の動作、歩幅その他の歩行の態様を電子計算機の用に供するために変換した文字、番号、記号その他の符号のうち、特定の個人を識別するに足りるものとして「個人情報保護委員会規則で定める基準」に適合するものは、「個人識別符号」に該当する。

A 41 □□

電子計算機等で電磁的処理（コンピュータ処理）をされていることは、「個人情報」の要件とされていない。 ×

A 42 □□

「個人情報」により識別される、生存する特定の個人については、日本国籍を有するか否かは問題とされない。 ○

A 43 □□

死者に関する情報は、原則として「個人情報」に当たらないが、特定の死者に関する情報がその遺族など生存する個人に関する情報として「個人情報」に当たることがある。 ○

A 44 □□

企業の財務情報は、法人等の団体そのものに関する情報であり、生存する個人に関する情報ではないため、「個人情報」に当たらない。 ○

A 45 □□

個人に関する情報には、個人と関係づけられるすべての情報が含まれ、たとえば、個人が創作したノウハウや個人の行動に関する情報も、「個人情報」に当たりうる。 ×

A 46 □□

本問のような特定の個人の身体の一部の特徴を電子計算機の用に供するために変換した文字、番号、記号その他の符号のうち、当該特定の個人を識別するに足りるものとして「個人情報保護委員会規則で定める基準」に適合するものは、「個人識別符号」に該当する（法２条２項１号、令１条１号ホ）。 ○

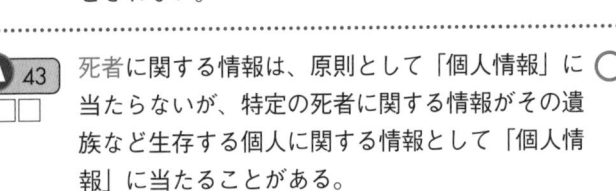

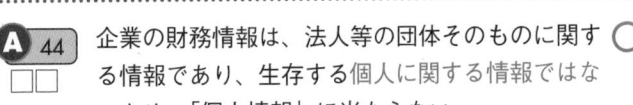

Q 47 □□【予想】

指紋を電子計算機の用に供するために変換した文字、番号、記号その他の符号のうち、特定の個人を識別するに足りるものとして「個人情報保護委員会規則で定める基準」に適合するものは、「個人識別符号」に該当するが、発声の際の声帯の振動を同様の符号に変換したとしても「個人識別符号」に該当することはない。

Q 48 □□【予想】

旅券番号、基礎年金番号、運転免許証番号、個人番号は、「個人識別符号」に該当する。

Q 49 □□【過去】

国民健康保険の被保険者証の記号・番号・保険者番号は、「個人識別符号」に該当する。

Q 50 □□【過去】

携帯電話番号やクレジットカード番号は、個人識別符号に該当しない。

A 47 □□ ×

指紋認識データのほか、本問のような音声認識データのうち、特定の個人を識別するに足りるものとして「個人情報保護委員会規則で定める基準」に適合するものは、「個人識別符号」に該当する（法２条２項、令１条１号ニト）。

A 48 □□ ○

旅券番号、基礎年金番号、運転免許証番号、個人番号のほか、住民票コード、各種保険の被保険者証の番号なども、「個人識別符号」に該当する（法２条２項、令１条２号～８号）。

A 49 □□ ○

国民健康保険の被保険者証の記号・番号・保険者番号は、個人識別符号に該当する（法２条２項、令１条７号イ、規則３条１号）。

A 50 □□ ○

携帯電話番号やクレジットカード番号は、およそいかなる場合においても特定の個人を識別することができるとは限らないこと等から、個人識別符号には該当しないとされている。

4 要配慮個人情報

★★
Q 51 □□【過去】

要配慮個人情報とは、本人に対する不当な差別や偏見その他の不利益が生じないようにその取扱いに特に配慮を要するものとして一定の記述等が含まれる個人情報をいう。

★
Q 52 □□【過去】

人種は、世系又は民族的若しくは種族的出身を広く意味するが、肌の色は含まない。

★
Q 53 □□【過去】

信条は、個人の基本的なものの見方、考え方であり、要配慮個人情報に含まれない。

Q 54 □□【予想】

宗教に関する書籍の購買や貸出しに係る情報は、要配慮個人情報に含まれる。

Q 55 □□【過去】

医師等により行われた健康診断等の結果が含まれる個人情報は「要配慮個人情報」に該当するが、健康診断等を受診した事実だけでは「要配慮個人情報」に該当しない。

A 51 □□

要配慮個人情報とは、本人の人種など、本人に対する不当な差別、偏見その他の不利益が生じないようにその取扱いに特に配慮を要するものとして政令で定める記述等が含まれる個人情報をいう（法２条３項）。 ○

A 52 □□

人種は、世系又は民族的若しくは種族的出身を広く意味するが、肌の色は、人種を推知させる情報にすぎないため、人種に含まれない（法２条３項、通則ガイドライン）。 ○

A 53 □□

信条は、個人の基本的なものの見方、考え方であり、要配慮個人情報に含まれると規定されている（法２条３項）。 ×

A 54 □□

宗教に関する書籍の購買や貸出しに係る情報は、信条を推知させる情報にすぎず、要配慮個人情報に含まれない（法２条３項、通則ガイドライン）。 ×

A 55 □□

医師等により行われた健康診断等の結果が含まれる個人情報は「要配慮個人情報」に該当するが（法２条３項、令２条２号）、健康診断等を受診した事実は「要配慮個人情報」に該当しない（通則ガイドライン）。 ○

Q 56 □□【過去】

他人を被疑者とする裁判の証人として尋問を受けたという事実は、要配慮個人情報に該当する。

Q 57 □□【過去】

有罪の判決を受けこれが確定した事実や犯罪行為を行った事実は「要配慮個人情報」に該当するが、反社会的集団に所属し、関係を有している事実は「要配慮個人情報」に該当しない。

5 仮名加工情報・匿名加工情報・個人関連情報

★★

Q 58 □□【予想】

仮名加工情報とは、個人情報の区分に応じて所定の措置を講じて他の情報と照合しない限り特定の個人を識別することができないように個人情報を加工して得られる個人に関する情報をいう。

Q 59 □□【過去】

個人情報に含まれる記述等の一部を「削除すること」には、復元することのできる規則性を有しない方法により他の記述等に置き換えることも含まれる。

A 56 □□

他人を被疑者とする裁判の証人として尋問を受けたことは、本人を被疑者または被告人として行われた刑事事件に関する手続ではなく、要配慮個人情報に該当しない（法2条3項、令2条4号）。 ×

A 57 □□

有罪の判決を受けこれが確定した事実や犯罪行為を行った事実は、「犯罪の経歴」を含むため、要配慮個人情報に該当する（法2条3項）。しかし、反社会的集団に所属し、関係を有している事実は、要配慮個人情報に該当しない。 ○

A 58 □□

仮名加工情報とは、個人情報に含まれる記述等の一部や個人識別符号の全部を削除することなど、個人情報の区分に応じて所定の措置を講じて他の情報と照合しない限り特定の個人を識別することができないように個人情報を加工して得られる個人に関する情報をいう（法2条5項、仮名加工情報・匿名加工情報ガイドライン）。 ○

A 59 □□

仮名加工情報とするための措置である、個人情報に含まれる記述等の一部を「削除すること」には、復元することのできる規則性を有しない方法により他の記述等に置き換えることも含まれる（法2条5項1号かっこ書）。 ○

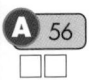

★

Q 60 □□【過去】

個人識別符号の場合、仮名加工情報とは、当該個人情報に含まれる個人識別符号の一部を削除することで他の情報と照合しない限り特定の個人を識別することができないように個人情報を加工して得られる個人に関する情報をいう。

Q 61 □□【過去】

仮名加工情報は、個人情報に該当する場合と該当しない場合がある。

Q 62 □□【予想】

「匿名加工情報」とは、個人情報をその区分に応じて定められた措置を講じて特定の個人を識別することができないように加工して得られる個人に関する情報であって、当該個人情報を復元して特定の個人を再識別することができないようにしたものをいう。

A 60 □□ 個人識別符号が含まれる個人情報の場合、当該個人情報に含まれる個人識別符号の全部を削除しなければ、仮名加工情報とならない（法2条5項2号）。 ×

A 61 □□ 仮名加工情報は、「他の情報と容易に照合することができ、それにより特定の個人を識別することができる」状態にある場合には個人情報に該当するが、「他の情報と容易に照合することができ、それにより特定の個人を識別することができる」状態にない場合には個人情報に該当しない（法2条1項1号かっこ書）。 ○

A 62 □□ 「匿名加工情報」とは、個人情報を法2条1項各号に規定された個人情報の区分に応じて定められた措置を講じて特定の個人を識別することができないように加工して得られる個人に関する情報であって、当該個人情報を復元して特定の個人を再識別することができないようにしたものをいう（法2条6項、仮名加工情報・匿名加工情報ガイドライン）。 ○

Q 63
□□
【予想】

個人情報保護法２条１項１号に該当する「当該情報に含まれる氏名、生年月日その他の記述等により特定の個人を識別できるもの（他の情報と容易に照合することができ、それにより特定の個人を識別することができることとなるものを含む。）」である個人情報の場合には、「特定の個人を識別することができないように個人情報を加工」とは、特定の個人を識別することができなくなるように当該個人情報に含まれる氏名、生年月日その他の記述等を削除することを意味する。

Q 64
□□
【予想】

個人情報保護法２条１項２号に該当する「個人識別符号が含まれる」個人情報の場合には、「特定の個人を識別することができないように個人情報を加工」とは、当該個人情報に含まれる個人識別符号の全部または一部を特定の個人を識別することができなくなるように削除することを意味する。

Q 65
□□
【予想】

「匿名加工情報」の定義における「当該個人情報を復元することができないようにしたもの」という要件は、あらゆる手法によって復元することができないよう技術的側面から全ての可能性を排除することまでを求めるものである。

A 63 □□

法2条1項1号に該当する「当該情報に含まれる氏名、生年月日その他の記述等により特定の個人を識別できるもの（他の情報と容易に照合することができ、それにより特定の個人を識別することができることとなるものを含む。）」である個人情報の場合には、「特定の個人を識別することができないように個人情報を加工」とは、特定の個人を識別することができなくなるように当該個人情報に含まれる氏名、生年月日その他の記述等を削除することを意味する（仮名加工情報・匿名加工情報ガイドライン）。 ○

A 64 □□

法2条1項2号に該当する「個人識別符号が含まれる」個人情報の場合には、「特定の個人を識別することができないように個人情報を加工」とは、当該個人情報に含まれる個人識別符号の全部を特定の個人を識別することができなくなるように削除することを意味する（仮名加工情報・匿名加工情報ガイドライン）。 ×

A 65 □□

「当該個人情報を復元することができないようにしたもの」という要件は、あらゆる手法によって復元することができないよう技術的側面から全ての可能性を排除することまでを求めるものではなく、少なくとも、一般人および一般的な事業者の能力、手法等を基準として当該情報を個人情報取扱事業者または匿名加工情報取扱事業者が通常の方法により復元できないような状態にすることを求めるものである（仮名加工情報・匿名加工情報ガイドライン）。 ×

★★
Q 66 □□【予想】
個人関連情報とは、生存する個人に関する情報であって、個人情報、仮名加工情報および匿名加工情報のいずれにも該当しないものをいう。

★
Q 67 □□【過去】
氏名、生年月日その他の記述等により特定の個人を識別することができるものは、個人関連情報に該当しない。

Q 68 □□【過去】
個人の位置情報は個人関連情報に該当しない。

Q 69 □□【過去】
個人の商品購買履歴・サービス利用履歴は、個人関連情報に該当する。

6 個人情報データベース等

Q 70 □□【予想】
個人情報取扱事業者の従業者が、自己の名刺入れについて他人が自由に閲覧できる状況に置いていても、他人には容易に検索できない独自の分類方法により名刺を分類した状態である場合には、「個人情報データベース等」に当たらない。

A 66 □□

個人関連情報とは、生存する個人に関する情報であって、個人情報、仮名加工情報および匿名加工情報のいずれにも該当しないものをいう（法２条７項）。 ○

A 67 □□

氏名、生年月日その他の記述等により特定の個人を識別することができるものは、個人情報に該当するため、個人関連情報には該当しない（法２条７項、通則ガイドライン）。 ○

A 68 □□

一般的に、ある個人の位置情報それ自体のみでは個人情報には該当しないものであり、個人関連情報に該当しうる。ただし、個人に関する位置情報が連続的に蓄積される等して特定の個人を識別することができる場合には、個人情報に該当し、個人関連情報には該当しないことになる（法２条７項、通則ガイドライン）。 ×

A 69 □□

個人の商品購買履歴・サービス利用履歴は、個人関連情報に該当するとされる（法２条７項、通則ガイドライン）。 ○

A 70 □□

本問の名刺入れは、他人には容易に検索できないものであるため、特定の個人情報を容易に検索することができるように体系的に構成した情報の集合物とはいえず、「個人情報データベース等」に当たらない（法16条１項、通則ガイドライン）。 ○

Q 71
□□
【予想】

氏名の五十音順に整理し、五十音順のインデックスを付してファイルしている手書きの登録カードは、利用方法からみて個人の権利利益を害するおそれが少ないものとして政令で定めるものを除き、「個人情報データベース等」に当たる。

Q 72
□□
【予想】

合法的に市販されている職員録は、そのまま使用するときであっても、「個人情報データベース等」に当たる。

★★
Q 73
□□
【予想】

個人情報取扱事業者の私物であるパソコンに表計算ソフトを用いて入力・整理され業務で使用している顧客情報は、「個人情報データベース等」に当たらない。

Q 74
□□
【予想】

電子メールソフトに保管されている、メールアドレスと氏名を組み合わせた情報が入力されているメールアドレス帳は、利用方法からみて個人の権利利益を害するおそれが少ないものとして政令で定めるものを除き、「個人情報データベース等」に当たる。

A 71 □□ ○

本問の登録カードは、氏名の五十音順に整理され、五十音順のインデックスが付されているため、特定の個人情報を容易に検索することができるように体系的に構成した情報の集合物といえ、利用方法からみて個人の権利利益を害するおそれが少ないものとして政令で定めるものを除き、「個人情報データベース等」に当たる（法16条1項、通則ガイドライン）。

A 72 □□ ×

合法的に市販されている職員録は、他の情報を加える等しない限り、利用方法からみて個人の権利利益を害するおそれが少ないものとして、「個人情報データベース等」に当たらないとされる（法16条1項、令4条1項、通則ガイドライン）。

A 73 □□ ×

特定の個人情報を電子計算機を用いて検索することができるように体系的に構成した情報の集合物であれば、私物のパソコンに保存されていても、利用方法からみて個人の権利利益を害するおそれが少ないものとして政令で定めるものを除き、「個人情報データベース等」に当たりうる（法16条1項、通則ガイドライン）。

A 74 □□ ○

本問のメールアドレス帳は、特定の個人情報を電子計算機を用いて検索することができるように体系的に構成した情報の集合物といえ、利用方法からみて個人の権利利益を害するおそれが少ないものとして政令で定めるものを除き、「個人情報データベース等」に当たる（法16条1項、通則ガイドライン）。

Q75 □□【過去】

氏名、住所別に分類整理されていない状態のアンケートの戻りはがきは、「個人情報データベース等」に当たる。

★
Q76 □□【予想】

個人情報を含まない情報の集合物は、これに含まれる情報を一定の規則に従って整理することにより特定の情報を容易に検索することができるように体系的に構成し、目次、索引等を付し、他人による検索が容易な状態に置いていたとしても、「個人情報データベース等」には当たらない。

7 個人情報取扱事業者

★★
Q77 □□【過去】

「個人情報取扱事業者」とは、個人情報データベース等を事業の用に供している者をいう。

★
Q78 □□【過去】

国立大学は、個人情報保護法上の「個人情報取扱事業者」に当たる。

Q79 □□【過去】

個人事業主であっても、「個人情報取扱事業者」に当たることがある。

A 75 □□

未分類のアンケートの戻りはがきは、特定の個人情報を容易に検索することができるように体系的に構成した情報の集合物とはいえず、「個人情報データベース等」には当たらない（法16条1項、通則ガイドライン）。 ×

A 76 □□

検索可能なファイルであっても、個人情報を含まない情報の集合物は、「個人情報データベース等」には当たらない。 ○

A 77 □□

「個人情報取扱事業者」とは、個人情報データベース等を事業の用に供している者をいう（法16条2項柱書）。 ○

A 78 □□

国立大学（国立大学法人）は、独立行政法人等に当たるため、個人情報保護法上の「個人情報取扱事業者」には当たらない（法16条2項3号）。 ×

A 79 □□

個人事業主は、「個人情報取扱事業者」から除外されておらず、「個人情報取扱事業者」に当たることがある（通則ガイドライン）。 ○

Q 80 □□【予想】

個人情報データベース等を事業の用に供している団体は、法人格を有するか否かにかかわらず、「個人情報取扱事業者」に当たることがある。

Q 81 □□【予想】

個人情報データベース等を事業の用に供していても、これを構成する個人情報がすべて従業員のものである会社は、「個人情報取扱事業者」には当たらない。

Q 82 □□【予想】

個人情報を取り扱っていても、その取り扱う個人情報の量が一定の数以下の者は、「個人情報取扱事業者」から除外される。

★ Q 83 □□【予想】

東京都の特別区は「個人情報取扱事業者」に当たらないが、地方独立行政法人は「個人情報取扱事業者」に当たる。

A 80 □□

法人格のない団体は「個人情報取扱事業者」から除外されておらず、法人格の有無を問わず、個人情報データベース等を事業の用に供している団体は「個人情報取扱事業者」に当たる（通則ガイドライン）。 ○

A 81 □□

個人情報データベース等を構成する個人情報について、事業者の外部の者の情報か内部の者の情報かは問題とされない。 ×

A 82 □□

個人情報データベース等を事業の用に供している者は、国の機関、地方公共団体等を除き、個人情報取扱事業者に該当する（法16条２項）。かつては、取り扱う個人情報の量および利用方法からみて個人の権利利益を害するおそれが少ないものとして、事業の用に供する個人情報データベース等を構成する個人情報によって識別される特定の個人の数が過去６か月以内のいずれの日においても、5,000人を超えないという要件を満たす者は「個人情報取扱事業者」から除外されていたが、この要件は、平成27年改正により撤廃された。 ×

A 83 □□

地方公共団体および地方独立行政法人は、個人情報保護法上の「個人情報取扱事業者」から除外される（法16条２項２号、４号）。 ×

8 個人データ・保有個人データ

★★
Q 84 □□【予想】
保有個人データは、個人情報よりも狭い概念であるが、個人データよりも広い概念である。

Q 85 □□【予想】
個人情報データベース等を構成する前の入力用の帳票等に記載されている個人情報は、「個人データ」に当たらない。

★
Q 86 □□【予想】
コンピュータ処理による個人情報データベース等から紙面に出力された帳票等に印字された個人情報は、「個人データ」に当たらない。

Q 87 □□【予想】
個人情報データベース等から外部記録媒体に保存された個人情報は、「個人データ」に当たらない。

★★
Q 88 □□【過去】
個人情報取扱事業者が、開示、内容の訂正、追加又は削除、利用の停止、消去及び第三者への提供の停止のすべてを行うことができる権限を有する個人データは、原則として「保有個人データ」に当たる。

A 84 □□

三者の包含関係は、個人情報＞個人データ＞保有個人データとなる。 ×

A 85 □□

個人情報データベース等を構成する前の個人情報は、「個人データ」に当たらない（法16条３項）。 ○

A 86 □□

コンピュータ処理による個人情報データベース等から紙面に出力された帳票等に印字された個人情報は、個人情報データベース等を構成する以上、「個人データ」に当たる（法16条３項、通則ガイドライン）。 ×

A 87 □□

個人情報データベース等から外部記録媒体に保存された個人情報も、個人情報データベース等を構成する個人情報であるため、「個人データ」に当たる（法16条３項、通則ガイドライン）。 ×

A 88 □□

「保有個人データ」とは、個人情報取扱事業者が、開示、内容の訂正等、一定の権限を有する個人データであって、その存否が明らかになることにより公益その他の利益が害されるものとして政令で定めるもの以外のものをいう（法16条４項）。 ○

★ Q 89 □□【過去】

個人情報取扱事業者が開示等を行う権限を有する個人データであっても、当該個人データの存否が明らかになることにより、本人又は第三者の生命、身体又は財産に危害が及ぶおそれがあるものは、保有個人データに該当しない。

★ Q 90 □□【予想】

個人情報取扱事業者が不審者や悪質なクレーマー等による不当要求の被害等を防止するため保有している、当該行為を行った者を本人とする個人データは、「保有個人データ」に当たらない。

A 89 □□

個人データの存否が明らかになることにより、本人または第三者の生命、身体または財産に危害が及ぶおそれがある場合には、当該個人データは保有個人データに該当しない（令5条1号）。 ○

A 90 □□

個人データの存否が明らかになることにより、違法または不当な行為を助長し、または誘発するおそれがある場合には、当該個人データは「保有個人データ」から除外される（令5条2号、通則ガイドライン）。本問はこの場合に該当する。 ○

個人情報保護法の目的と用語

4 個人情報・個人データ・保有個人データの関係

個人情報（法2条1項）
生存する個人に関する情報であって、次のいずれかに該当するもの
① 当該情報に含まれる氏名、生年月日その他の記述等により特定の個人を識別することができるもの（他の情報と容易に照合することができ、それにより特定の個人を識別することができることとなるものを含む）
② 個人識別符号が含まれるもの

個人データ（法16条3項）
個人情報データベース等を構成する個人情報

保有個人データ（法16条4項）
個人情報取扱事業者が、開示、内容の訂正、追加または削除、利用の停止、消去および第三者への提供の停止を行うことのできる権限を有する個人データであって、その存否が明らかになることにより公益その他の利益が害されるものとして政令で定めるもの以外のもの

5 個人識別符号と要配慮個人情報

個人識別符号に該当するもの（法2条2項）	①次のような身体の一部の特徴を電子計算機で利用するために変換した符号 →DNA、顔の容貌、虹彩、声紋、歩行の態様、手指の静脈の形状、指紋、掌紋 ②サービス利用や書類において対象者ごとに割り振られる符号（公的な番号） →旅券番号、基礎年金番号、免許証番号、住民票コード、マイナンバー、各種保険の被保険者証の番号など
要配慮個人情報（法2条3項）	人種、信条、社会的身分、病歴、前科、犯罪被害情報などの機微にかかわる個人情報（いわゆるセンシティブ情報）。 取得するには原則として本人の事前同意が必要。 オプトアウトの対象外。

6 個人情報データベース等（法16条1項）

個人情報を含む情報の集合物であって、次に掲げるもの（利用方法からみて個人の権利利益を害するおそれが少ないものとして政令で定めるものを除く）

① 特定の個人情報を電子計算機を用いて検索することができるように体系的に構成したもの

② ①のほか、特定の個人情報を容易に検索することができるように体系的に構成したものとして政令で定めるもの

- 個人情報を一定の規則に従って整理することにより特定の個人情報を容易に検索することができるように体系的に構成していること
- 目次、索引その他検索を容易にするためのものを有すること

7 個人情報取扱事業者（法16条2項）

定義	個人情報データベース等を事業の用に供している者 個人データの保有件数、保有期間は問わない
個人情報取扱事業者に当たらない者	①国の機関　②地方公共団体 ③独立行政法人等　④地方独立行政法人

8 仮名加工情報・匿名加工情報（法2条5項、6項）

仮名加工情報	匿名加工情報
次の①②の個人情報の区分に応じて所定の措置を講じて他の情報と照合しない限り特定の個人を識別することができないように個人情報を加工して得られる個人に関する情報	次の①②の個人情報の区分に応じて所定の措置を講じて特定の個人を識別することができないように個人情報を加工して得られる個人に関する情報であって、当該個人情報を復元することができないようにしたもの
①生存する個人に関する情報であって、当該情報に含まれる氏名、生年月日その他の記述等（個人識別符号を除く）により特定の個人を識別することができるもの（他の情報と容易に照合することができ、それにより特定の個人を識別することができることとなるものを含む） （措置）当該個人情報に含まれる記述等の一部を削除すること（当該一部の記述等を復元することのできる規則性を有しない方法により他の記述等に置き換えることを含む） ②生存する個人に関する情報であって、個人識別符号が含まれるもの （措置）当該個人情報に含まれる個人識別符号の全部を削除すること（当該個人識別符号を復元することのできる規則性を有しない方法により他の記述等に置き換えることを含む）	

総論

個人情報保護法の理解③

個人情報の取扱いに関する義務

1 利用目的の特定

★★ Q 91 □□【過去】

個人情報取扱事業者は、個人情報を取り扱うに当たっては、その利用目的をできる限り特定しなければならない。

★ Q 92 □□【過去】

個人情報を第三者に提供することをあらかじめ想定している場合には、利用目的において、その旨を特定しなければならない。

★ Q 93 □□【過去】

「事業活動に用いるため」という利用目的は、利用目的をできる限り具体的に特定しているものといえる。

Q 94 □□【過去】

個人情報取扱事業者は、利用目的の特定に当たっては、利用する個人情報の項目及び入手先の事業者名を特定しなければならない。

Q 95 □□【予想】

個人情報取扱事業者は、利用目的を変更する場合には、変更前の利用目的と関連性を有すると合理的に認められる範囲において、変更することができる。

利用目的の特定とその通知・公表に関し、個人情報取扱事業者が負う義務について、原則とその例外をしっかり押さえておきましょう。

A 91 □□
個人情報取扱事業者は、個人情報を取り扱うに当たっては、その利用目的をできる限り特定しなければならないとされている（法17条1項）。 ○

A 92 □□
個人情報を第三者に提供することがあらかじめ想定されているのであれば、利用目的において、その旨が明確にわかるように特定しておく必要がある（通則ガイドライン）。 ○

A 93 □□
「事業活動に用いるため」という利用目的は抽象的、一般的であり、具体的に利用目的を特定しているとはいえない（通則ガイドライン）。 ×

A 94 □□
個人情報取扱事業者は、利用目的をできる限り特定するに当たり、利用する個人情報の項目や入手先の事業者名を特定しておくことまでは求められていない。 ×

A 95 □□
個人情報取扱事業者は、利用目的を変更する場合には、変更前の利用目的と関連性を有すると合理的に認められる範囲を超えて行ってはならないとされている（法17条2項）。 ○

2 利用目的による制限

★★
Q96 □□【過去】

個人情報取扱事業者は、利用目的の達成に必要な範囲を超えて個人情報を取り扱う場合は、原則としてあらかじめ本人の同意を得なければならない。

Q97 □□【過去】

個人情報取扱事業者は、求人応募のために送られてきた履歴書に記載されている個人情報をもとに、自社の商品の販売促進のために自社取扱商品のカタログと商品購入申込書を送る場合、あらかじめ、本人の同意を得る必要はない。

★★
Q98 □□【予想】

個人情報取扱事業者が、個人情報保護法で必要とされる同意を得るために、個人情報を利用してメールの送信や電話をしても、個人情報保護法違反とはならない。

★
Q99 □□【過去】

個人情報取扱事業者は、会社合併により他の個人情報取扱事業者から事業を承継することに伴って個人情報を取得した場合は、あらかじめ本人の同意を得なくても、承継前における当該個人情報の利用目的の達成に必要な範囲を超えて、当該個人情報を取り扱うことができる。

★
Q100 □□【予想】

個人情報取扱事業者は、刑事訴訟法の規定に基づき、裁判官が発した捜索差押令状に基づく捜査に対応する場合、あらかじめ本人の同意を得ることなく、その利用目的の達成に必要な範囲を超えて個人情報を取り扱うことができる。

A 96 □□ ○

個人情報取扱事業者は、原則として、あらかじめ本人の同意を得ずに、特定された利用目的の達成に必要な範囲を超えて、個人情報を取り扱ってはならないとされている（法18条１項）。

A 97 □□ ×

本問の商品カタログおよび商品購入申込書の送付行為は、特定された利用目的の達成に必要な範囲を超えるものであり、あらかじめ本人の同意を得なければならない。

A 98 □□ ○

個人情報取扱事業者が、個人情報保護法で必要とされる本人の同意を得るために個人情報を利用することは、当初の利用目的として記載していなくても、目的外利用とはならない(通則ガイドライン)。

A 99 □□ ×

個人情報取扱事業者は、合併などによる事業の承継に伴って個人情報を取得した場合は、原則として、あらかじめ本人の同意を得ないで、承継前における当該個人情報の利用目的の達成に必要な範囲を超えて、当該個人情報を取り扱ってはならないとされている（法18条２項）。

A 100 □□ ○

個人情報取扱事業者は、例外的に、あらかじめ本人の同意を得ずに、利用目的の達成に必要な範囲を超えて個人情報を取り扱ってよい場合があり、その１つに法令に基づく場合がある（法18条３項１号）。本問の事例はこれに該当する（通則ガイドライン）。

★ Q101 □□【予想】

人の生命もしくは身体に危害を及ぼす急迫した危険が存在するため、製造事業者が自社の製造した商品をリコールする場合に、個人情報取扱事業者たる販売事業者が、当該製造事業者に対して当該商品の購入者等の情報を提供するには、あらかじめ本人の同意を得なければならない。

★ Q102 □□【予想】

個人情報取扱事業者は、税務署の職員の任意の求めに応じて個人情報を提出する場合、このような取扱いが利用目的の達成に必要な範囲を超えるときであっても、あらかじめ本人の同意を得る必要はない。

3 不適正な利用の禁止

★ Q103 □□【過去】

個人情報取扱事業者は、違法又は不当な行為を助長し、又は誘発するおそれがある方法により個人情報を利用してはならないが、ここでいう「違法又は不当な行為」とは、個人情報保護法およびその他の法令に違反する行為のみをいう。

Q104 □□【過去】

個人情報取扱事業者は、違法又は不当な行為を助長し、又は誘発するおそれがある方法により個人情報を利用してはならないが、「おそれ」があるか否かは、違法又は不当な行為を助長又は誘発することについて、社会通念上蓋然性が認められるか否かで判断される。

A 101 □□

利用目的による制限の例外の１つに、人の生命、身体または財産の保護のために必要がある場合であって、本人の同意を得ることが困難であるときがある（法18条３項２号）。本問はこれに該当するため、販売事業者は、あらかじめ本人の同意を得る必要はない（通則ガイドライン）。 ×

A 102 □□

利用目的による制限の例外の１つに、国の機関もしくは地方公共団体またはその委託を受けた者が法令の定める事務を遂行することに対して協力する必要がある場合であって、本人の同意を得ることにより当該事務の遂行に支障を及ぼすおそれがあるときがある（法18条３項４号、通則ガイドライン）。 ○

A 103 □□

「違法又は不当な行為」とは、個人情報保護法その他の法令に違反する行為、および直ちに違法とはいえないものの、個人情報保護法その他の法令の制度趣旨または公序良俗に反する等、社会通念上適正とは認められない行為をいう（通則ガイドライン）。 ×

A 104 □□

「おそれ」の有無は、個人情報取扱事業者による個人情報の利用が、違法または不当な行為を助長または誘発することについて、社会通念上蓋然性が認められるか否かにより判断される（通則ガイドライン）。 ○

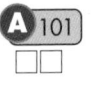

Q 105 □□【過去】

貸金業登録を行っていない貸金業者等からの突然の接触による本人の平穏な生活を送る権利の侵害等、当該事業者の違法な行為を助長するおそれが想定されるにもかかわらず、当該事業者に当該本人の個人情報を提供する場合、違法又は不当な行為を助長し、又は誘発するおそれがある方法により個人情報を利用していると認められる。

Q 106 □□【過去】

個人情報に係る本人に対する違法な差別が、不特定多数の者によって誘発されるおそれがあることが予見できるにもかかわらず、官報に掲載される破産者情報を集約してデータベース化し、インターネット上で公開することは、不適正利用に該当する。

Q 107 □□【予想】

個人情報を提供した場合、提供先において個人情報保護法の規定に違反する第三者提供がなされることを予見できるにもかかわらず、当該提供先に対して、個人情報を提供することは、不適正利用に該当する。

A 105 □□

例えば貸金業登録を行っていない貸金業者等、違法な行為を営むことが疑われる事業者からの突然の接触による本人の平穏な生活を送る権利の侵害等、当該事業者の違法な行為を助長するおそれが想定されるにもかかわらず、当該事業者に当該本人の個人情報を提供する場合、個人情報取扱事業者が違法または不当な行為を助長し、または誘発するおそれがある方法により個人情報を利用しているとされる（通則ガイドライン）。 ○

A 106 □□

例えば官報に掲載される破産者情報等、裁判所による公告等により散在的に公開されている個人情報を、当該個人情報に係る本人に対する違法な差別が、不特定多数の者によって誘発されるおそれがあることが予見できるにもかかわらず、それを集約してデータベース化し、インターネット上で公開する場合、個人情報取扱事業者が違法または不当な行為を助長し、または誘発するおそれがある方法により個人情報を利用しているとされる（通則ガイドライン）。 ○

A 107 □□

個人情報を提供した場合、提供先において法27条1項に違反する第三者提供がなされることを予見できるにもかかわらず、当該提供先に対して、個人情報を提供することは、個人情報取扱事業者が違法または不当な行為を助長し、または誘発するおそれがある方法により個人情報を利用しているとされる（通則ガイドライン）。 ○

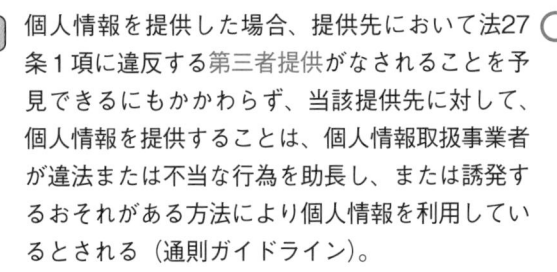

Q108 □□ 【過去】

採用選考を通じて個人情報を取得した個人情報取扱事業者が、性別、国籍等の特定の属性のみにより、正当な理由なく本人に対する違法な差別的取扱いを行うために、個人情報を利用することについては、当該個人情報取扱事業者は、違法又は不当な行為を助長し、又は誘発するおそれがある方法により個人情報を利用していると認められる。

Q109 □□ 【予想】

広告配信を行っている個人情報取扱事業者が、第三者から広告配信依頼を受けた商品が違法薬物等の違法な商品であることが予見できるにもかかわらず、当該商品の広告配信のために、自社で取得した個人情報を利用することについては、当該個人情報取扱事業者は、違法または不当な行為を助長し、または誘発するおそれがある方法により個人情報を利用しているとは認められない。

4 適正な取得

★★

Q110 □□ 【予想】

個人情報取扱事業者は、偽りその他不正の手段により個人情報を取得してはならない。

Q111 □□ 【過去】

個人情報取扱事業者が脅迫を手段として個人情報を取得することは違法である。

A 108 □□

採用選考を通じて個人情報を取得した個人情報取扱事業者が、性別、国籍等の特定の属性のみにより、正当な理由なく本人に対する違法な差別的取扱いを行うために、個人情報を利用する場合、当該個人情報取扱事業者は、違法または不当な行為を助長し、または誘発するおそれがある方法により個人情報を利用していると認められる（通則ガイドライン）。 ○

A 109 □□

広告配信を行っている個人情報取扱事業者が、第三者から広告配信依頼を受けた商品が違法薬物等の違法な商品であることが予見できるにもかかわらず、当該商品の広告配信のために、自社で取得した個人情報を利用する場合、当該個人情報取扱事業者は、違法または不当な行為を助長し、または誘発するおそれがある方法により個人情報を利用していると認められる（通則ガイドライン）。 ×

A 110 □□

個人情報取扱事業者は、偽りその他不正の手段により個人情報を取得してはならないとされている（法20条１項）。 ○

A 111 □□

脅迫は「不正の手段」に当たり、個人情報取扱事業者はこれを手段として個人情報を取得してはならない（法20条１項）。 ○

★ Q112 □□【過去】

個人情報取扱事業者が親の同意がなく、十分な判断能力を有していない子どもから、取得状況から考えて関係のない親の収入事情等の家族の個人情報を取得する場合であっても、不正の手段による個人情報の取得とまではいえない。

Q113 □□【過去】

個人情報取扱事業者が、他の個人情報取扱事業者に指示して違法な第三者提供により個人情報を取得させ、その事業者から個人情報を取得したとしても、適正な取得ではないとまではいえない。

Q114 □□【予想】

個人情報取扱事業者は、法令に基づく場合等、一定の場合を除き、あらかじめ本人の同意を得ないで、要配慮個人情報を取得してはならない。

Q115 □□【予想】

事業者間において、不正対策等のために、暴力団等の反社会的勢力情報、意図的に業務妨害を行う者の情報のうち、過去に業務妨害罪で逮捕された事実等の情報について共有する場合、あらかじめ本人の同意を得ることなく、要配慮個人情報を取得することができる。

5 取得に際しての利用目的の通知・公表等

★★ Q116 □□【予想】

個人情報取扱事業者は、個人情報を取得したときは、あらかじめその利用目的を公表している場合を除き、原則として、速やかに、その利用目的を、本人に通知し、または公表しなければならない。

A 112 □□ ×

十分な判断能力を有していない子どもから、親の同意を得ることなく、親の収入事情等の家族の個人情報を取得することは、「不正の手段」による個人情報の取得に該当する（通則ガイドライン）。

A 113 □□ ×

他の個人情報取扱事業者に指示して不正の手段で個人情報を取得させ、その個人情報を取得することは、不正の手段に該当する（通則ガイドライン）。

A 114 □□ ○

個人情報取扱事業者は、法令に基づく場合等、一定の場合を除き、あらかじめ本人の同意を得ないで、要配慮個人情報を取得してはならない（法20条２項）。

A 115 □□ ○

要配慮個人情報の取得の制限の例外の１つに、人の生命、身体または財産の保護のために必要がある場合であって、本人の同意を得ることが困難であるときがある（法20条２項２号）。本問はこれに該当するため、取得にあたり、あらかじめ本人の同意を得る必要はない（通則ガイドライン）。

A 116 □□ ○

個人情報取扱事業者は、個人情報を取得したときは、あらかじめその利用目的を公表している場合を除き、原則として、速やかに、その利用目的を、本人に通知し、または公表しなければならないとされている（法21条１項）。

★
Q117 □□【過去】

個人情報取扱事業者は、契約書その他の書面に記載された当該本人の個人情報を取得する場合は、あらかじめ、本人に対し、その利用目的を明示しなくてもよい。

Q118 □□【予想】

個人情報取扱事業者は、利用目的を変更した場合は、原則として、変更された利用目的について、本人に通知し、または公表しなければならない。

Q119 □□【予想】

個人情報取扱事業者は、インターネット上で本人が自発的に公にしている個人情報を取得した場合や、官報、職員録等から個人情報を取得した場合には、その利用目的を、本人に通知し、または公表しなくてもよい。

Q120 □□【予想】

個人情報取扱事業者は、第三者からの提供によって個人情報を取得した場合は、その利用目的を、本人に通知し、または公表しなくてもよい。

★★
Q121 □□【過去】

個人情報取扱事業者は、個人情報を取得した場合であっても、取得の状況からみて利用目的が明らかであると認められるときは、その利用目的を本人に通知又は公表しなくてもよい。

A 117 □□

個人情報取扱事業者は、本人から契約書その他の書面（電磁的記録を含む）に記載された当該本人の個人情報を取得する場合は、原則として、あらかじめ、本人に対し、その利用目的を明示しなければならないとされている（法21条２項）。 ×

A 118 □□

個人情報取扱事業者は、利用目的を変更した場合は、原則として、変更後の利用目的を、本人に通知し、または公表しなければならない（法21条３項）。 ○

A 119 □□

本問のように、本人が自発的に公にしている個人情報を取得した場合や、官報、職員録等から個人情報を取得した場合にも、利用目的の通知または公表の手続が必要である。なお、単に閲覧しただけの場合には、利用目的の通知、公表は不要である（通則ガイドライン）。 ×

A 120 □□

個人情報取扱事業者が、第三者提供によって個人情報を取得した場合も、利用目的の通知または公表の手続が必要である（通則ガイドライン）。 ×

A 121 □□

個人情報取扱事業者は、取得の状況からみて利用目的が明らかであると認められる場合には、利用目的を本人に通知または公表しなくてもよい（法21条４項４号）。 ○

Q 122
□□
【予想】

個人情報取扱事業者は、個人情報を取得した場合には、その利用目的を通知または公表することにより疑わしい取引の届出の対象情報を本人または他の事業者等から取得したことが明らかとなり、当該個人情報取扱事業者に害が及ぶときであっても、利用目的の通知または公表を行わなければならない。

A 122 □□ ✕

個人情報取扱事業者は、利用目的を本人に通知し、または公表することにより当該個人情報取扱事業者の権利または正当な利益を害するおそれがある場合には、利用目的を本人に通知または公表しなくてもよい（法21条4項2号）。本問は、これに該当するため、通知または公表は不要である（通則ガイドライン）。

POINTマスター

個人情報の取扱いに関する義務

9 利用目的の特定(法17条、通則ガイドライン)

具体的に利用目的を特定している事例

- ○○事業における商品の発送、関連するアフターサービス、新商品・サービスに関する情報のお知らせのために利用いたします。
- 取得した行動履歴等の情報を分析し、信用スコアを算出した上で、当該スコアを第三者へ提供いたします。

具体的に利用目的を特定していない事例

- 事業活動に用いるため
- お客様のサービスの向上のため
- マーケティング活動に用いるため

10 個人情報の利用目的による制限（法17条、法18条）

利用または利用目的の変更	必要な対応
①当初の利用目的の達成に必要な範囲での利用	適法な取扱いである（法18条1項）
②変更前の利用目的と関連性を有すると合理的に認められる範囲での変更	利用目的の変更可能。本人の事前の同意は不要（法17条2項） 変更された利用目的を本人に通知または公表する（法21条3項）
③特定された利用目的（②による認められた範囲で変更された利用目的を含む）の達成に必要な範囲を超える利用	目的外利用に当たるため、利用するには事前に本人の同意が必要（法18条1項）

11 当初の利用目的を超える利用であっても本人の同意を得る必要がない場合（法18条3項）

①法令（条例を含む）に基づく場合
②人の生命、身体または財産の保護のために必要がある場合で、本人の同意を得ることが困難なとき
③公衆衛生の向上または児童の健全な育成の推進のために特に必要がある場合で、本人の同意を得ることが困難なとき
④国の機関もしくは地方公共団体またはその委託を受けた者が法令の定める事務を遂行することに対して協力する必要がある場合で、本人の同意を得ることにより当該事務の遂行に支障を及ぼすおそれがあるとき
⑤学術研究機関等が、個人情報を学術研究目的で取り扱う必要があるとき
⑥学術研究機関等に個人データを提供する場合で、当該学術研究機関等が当該個人データを学術研究目的で取り扱う必要があるとき

12 取得に際しての利用目的の通知等（法21条）

個人情報の取得方法	間接取得（法21条1項） 直接取得以外の方法による取得	直接取得（法21条2項） 個人情報を書面等から直接取得する場合（契約書等）
原則	取得後、速やかに利用目的を本人に通知または公表	取得に際し、あらかじめ、本人に利用目的を明示
例外①	あらかじめ利用目的を公表している場合は、上記の通知・公表は不要	人の生命、身体または財産の保護のために緊急に必要がある場合は、上記の明示は不要*
例外②	利用目的の通知、公表、明示は不要（法21条4項） ●利用目的を通知、公表することが適当でない場合 ・本人または第三者の生命、身体、財産その他の権利利益を害するおそれがある場合 ・当該個人情報取扱事業者の権利または正当な利益を害するおそれがある場合 ・国の機関または地方公共団体の事務遂行に支障を及ぼすおそれがある場合 ●取得の状況からみて利用目的が明らかな場合	

*ただし、この場合、取得後、速やかに利用目的を本人に通知または公表

総論

個人情報保護法の理解④

個人データの取扱いに関する義務

1 正確性の確保等

★★
Q123 □□【過去】

個人情報保護法上、個人情報取扱事業者は、「個人情報」すべてにつき正確かつ最新の内容に保つよう努めなければならない。

★★
Q124 □□【予想】

個人情報取扱事業者は、利用目的の達成に必要な範囲内であるか否かを問わず、すべての個人データを正確かつ最新の内容に保つよう努めなければならない。

Q125 □□【過去】

個人情報取扱事業者が個人データの内容の正確性を確保するために講じる措置として、誤り等を発見した場合の訂正等の手続の整備、記録事項の更新、保存期間の設定等を行うことが挙げられる。

Q126 □□【過去】

個人情報取扱事業者が個人データの正確性の確保のために講じる措置として、個人情報データベース等への個人情報の入力時の照合・確認の手続の整備が挙げられる。

Q127 □□【予想】

個人情報取扱事業者は、利用目的が達成され当該目的との関係では個人データを保有する合理的な理由が存在しなくなった場合など、保有する個人データについて利用する必要がなくなった場合には、当該個人データを遅滞なく消去するよう努めなければならない。

安全管理措置の内容について整理しておきましょう。また、個人データの第三者提供について、原則と例外を押さえておきましょう。

A 123 □□ 個人情報取扱事業者が正確性の確保等の努力義務を負うのは、「個人データ」についてであり、「個人情報」についてではない（法22条）。 ×

A 124 □□ データ内容の正確性の確保等に関し、個人情報取扱事業者が努力義務を負うのは、利用目的の達成に必要な範囲内においてである（法22条）。 ×

A 125 □□ 個人情報取扱事業者が個人データの内容の正確性を確保するために講じる措置として、訂正等の手続の整備、記録事項の更新、保存期間の設定などがある（通則ガイドライン）。 ○

A 126 □□ 個人情報取扱事業者が個人データの正確性の確保のために講じる措置として、個人情報データベース等への個人情報の入力時の照合・確認の手続の整備は重要である（通則ガイドライン）。 ○

A 127 □□ 個人情報取扱事業者は、保有する個人データについて利用する必要がなくなったとき、すなわち、利用目的が達成され当該目的との関係では当該個人データを保有する合理的な理由が存在しなくなった場合や、利用目的が達成されなかったものの当該目的の前提となる事業自体が中止となった場合等には、当該個人データを遅滞なく消去するよう努めなければならない（法22条、通則ガイドライン）。 ○

★

Q128 □□【過去】

個人情報取扱事業者は、個人データの正確性・最新性を確保するための具体的措置について、本人の知り得る状態に置かなければならない。

Q129 □□【予想】

個人情報取扱事業者が負う個人データの正確性・最新性を確保する努力義務は、個人の権利利益とは無関係である。

2 安全管理措置

★★

Q130 □□【過去】

個人情報取扱事業者は、その取り扱う個人データの漏えい、滅失又はき損の防止その他の個人データの安全管理のために必要かつ適切な措置を講じなければならない。

Q131 □□【予想】

個人情報取扱事業者は、その取り扱う個人データが漏えい等をした場合に本人が被る権利利益の侵害の大きさを考慮することなく、また、事業の規模および性質、個人データの取扱状況、個人データを記録した媒体の性質等に起因するすべてのリスクに対応するため、最高レベルの安全管理措置を講じなければならない。

A 128 □□

個人情報保護法上、個人情報取扱事業者は、個人データの正確性・最新性を確保するための具体的措置について、本人の知りうる状態に置くことを義務づけられていない。 ×

A 129 □□

個人データの正確性・最新性が保持されないと、誤った個人データが利用され本人の権利利益に不測の損害をもたらすおそれがあるため、個人データの正確性・最新性を確保する努力義務は個人の権利利益とは無関係ではない。 ×

A 130 □□

個人情報取扱事業者は、その取り扱う個人データの漏えい、滅失または毀損の防止その他の個人データの安全管理のために必要かつ適切な措置を講じなければならないとされている（法23条）。 ○

A 131 □□

個人情報取扱事業者は、その取り扱う個人データの漏えい、滅失または毀損（以下「漏えい等」という）の防止その他の個人データの安全管理のため、個人データが漏えい等をした場合に本人が被る権利利益の侵害の大きさを考慮し、事業の規模および性質、個人データの取扱状況（取り扱う個人データの性質および量を含む）、個人データを記録した媒体の性質等に起因するリスクに応じて、必要かつ適切な措置を講じなければならない（通則ガイドライン）。 ×

Q 132 □□【予想】

通則ガイドラインでは、個人情報取扱事業者が講ずべき安全管理措置の内容として、個人データの適正な取扱いの確保について組織として取り組むための基本方針を策定することは示されていない。

Q 133 □□【予想】

個人情報取扱事業者は、その取り扱う個人データの漏えい等の防止その他の個人データの安全管理のために、個人データの具体的な取扱いにかかる規律を整備するよう努めなければならない。

Q 134 □□【予想】

個人データの取扱いにかかる規律の整備として、取得、利用、保存、提供、削除・廃棄等の段階ごとに、取扱方法、責任者・担当者およびその任務等について定める個人データの取扱規程を策定することが考えられる。

Q 135 □□【予想】

個人情報取扱事業者は、組織的安全管理措置として、組織体制の整備、個人データの取扱いにかかる規律に従った運用、個人データの取扱状況を確認する手段の整備、漏えい等事案に対応する体制の整備、取扱状況の把握および安全管理措置の見直し、従業者の教育に関する措置を講じなければならない。

Q 136 □□【予想】

個人データの組織的安全管理措置のうち、組織体制として整備する項目の例として、個人データの取扱いに関する責任者の設置および責任の明確化に加え、当該責任者の番号法上の個人番号の公表が挙げられる。

A 132 □□
個人情報取扱事業者は、個人データの適正な取扱いの確保について組織として取り組むために、事業者の名称、関係法令・ガイドライン等の遵守、安全管理措置に関する事項、質問および苦情処理の窓口等の項目を定めた基本方針を策定することが重要である（通則ガイドライン）。 ×

A 133 □□
個人情報取扱事業者は、その取り扱う個人データの漏えい等の防止その他の個人データの安全管理のために、個人データの具体的な取扱いにかかる規律を整備しなければならない（通則ガイドライン）。 ×

A 134 □□
個人データの取扱いにかかる規律の整備として、取得、利用、保存、提供、削除・廃棄等の段階ごとに、取扱方法、責任者・担当者およびその任務等について定める個人データの取扱規程を策定することが考えられる（通則ガイドライン）。 ○

A 135 □□
個人情報取扱事業者は、組織的安全管理措置として、組織体制の整備、個人データの取扱いにかかる規律に従った運用等の措置を講じなければならないが、従業者の教育に関する措置はこれに含まれない（通則ガイドライン）。 ×

A 136 □□
個人データの組織的安全管理措置のうち、組織体制として整備する項目の例として、個人データの取扱いに関する責任者の設置および責任の明確化が挙げられる（通則ガイドライン）が、当該責任者の番号法上の個人番号を公表することは適切ではない。 ×

Q 137 □□【予想】

個人データの組織的安全管理措置のうち、組織体制として整備する項目の例として、個人データの漏えい等の事案の発生または兆候を把握した場合の責任者への報告連絡体制が挙げられる。

Q 138 □□【予想】

個人データの組織的安全管理措置のうち、漏えい等事案に対応する体制の整備の手法の例として、個人データの漏えい等により影響を受ける可能性のある本人に対し、当該漏えい等の事実をいかに秘匿するかを検討することが挙げられる。

Q 139 □□【予想】

個人データの組織的安全管理措置のうち、漏えい等事案に対応する体制の整備の手法の例として、再発防止策の検討および決定が挙げられるが、事業計画を非公知とする観点から、再発防止策の公表は行うべきではない。

Q 140 □□【予想】

個人情報取扱事業者は、個人データの人的安全管理措置として、従業者の教育の措置を講じなければならない。

Q 141 □□【予想】

個人情報取扱事業者は、従業者に個人データを取り扱わせるに当たっては、法24条に基づき従業者に対する監督をしなければならない。

Q 142 □□【予想】

個人情報取扱事業者は、物理的安全管理措置として、個人データを取り扱う区域の管理、機器および電子媒体等の盗難等の防止、電子媒体等を持ち運ぶ場合の漏えい等の防止、個人データの削除および機器、電子媒体等の廃棄の措置を講じなければならない。

A 137 □□ 個人データの組織的安全管理措置のうち、組織体制として整備する項目として、個人データの漏えい等の事案の発生・兆候を把握した場合の責任者への報告連絡体制が挙げられる（通則ガイドライン）。 ○

A 138 □□ 個人データの組織的安全管理措置のうち、漏えい等事案に対応する体制の整備の手法の例として、個人データの漏えい等により影響を受ける可能性のある本人への通知が挙げられる（通則ガイドライン）。 ×

A 139 □□ 個人データの組織的安全管理措置のうち、漏えい等事案に対応する体制の整備の手法の例として、再発防止策の検討および決定、事実関係および再発防止策等の公表等が挙げられる（通則ガイドライン）。 ×

A 140 □□ 個人情報取扱事業者は、個人データの人的安全管理措置として、従業者の教育の措置を講じなければならない（通則ガイドライン）。 ○

A 141 □□ 個人情報取扱事業者は、従業者に個人データを取り扱わせるに当たり、従業者に対し必要かつ適切な監督をしなければならない（通則ガイドライン）。 ○

A 142 □□ 個人情報取扱事業者は、物理的安全管理措置として、個人データを取り扱う区域の管理、盗難等の防止、電子媒体等を持ち運ぶ場合の漏えい等の防止、個人データの削除、機器・電子媒体等の廃棄の措置を講じなければならない（通則ガイドライン）。 ○

Q143 □□【予想】

物理的安全管理措置のうち、機器および電子媒体等の盗難等の防止の手法の例として、個人データを取り扱う機器、個人データが記録された電子媒体または個人データが記載された書類等は、当該機器・電子媒体・書類等を使用する者がその自宅において大切に保管することが挙げられる。

Q144 □□【予想】

物理的安全管理措置のうち、管理区域の管理手法の例として、入退室管理を行うことが挙げられるが、従業者との信頼関係の観点から、管理区域への持ち込み機器（スマートフォンなど）等について制限を設けることは望ましくない。

Q145 □□【予想】

物理的安全管理措置のうち、個人データの削除および機器、電子媒体等の廃棄の手法の例として、個人データが記録された機器、電子媒体等を廃棄する場合は、専用のデータ削除ソフトウェアの利用または物理的な破壊等の手段を採用することが挙げられる。

Q146 □□【予想】

個人情報取扱事業者は、情報システム（パソコン等の機器を含む）を使用して個人データを取り扱う場合（インターネット等を通じて外部と送受信等する場合を含む）、技術的安全管理措置として、アクセス制御、アクセス者の識別と認証、外部からの不正アクセス等の防止、情報システムの使用に伴う漏えい等の防止の措置を講じなければならない。

Q147 □□【予想】

個人情報取扱事業者が、技術的安全管理措置として講じなければならない措置として、個人データの取扱状況を確認する手段の整備が挙げられる。

A 143 □□ 物理的安全管理措置のうち、機器および電子媒体等の盗難等の防止の手法の例として、個人データを取り扱う機器、個人データが記録された電子媒体または個人データが記載された書類等を、施錠できるキャビネット・書庫等に保管することが挙げられる（通則ガイドライン）。 ×

A 144 □□ 物理的安全管理措置のうち、管理区域の管理手法の例として、入退室管理および持ち込む機器等の制限等が挙げられる（通則ガイドライン）。 ×

A 145 □□ 物理的安全管理措置のうち、個人データの削除および機器、電子媒体等の廃棄の手法の例として、個人データが記録された機器、電子媒体等を廃棄する場合は、専用のデータ削除ソフトウェアの利用または物理的な破壊等の手段を採用することが挙げられる（通則ガイドライン）。 ○

A 146 □□ 個人情報取扱事業者は、情報システムを使用して個人データを取り扱う場合、技術的安全管理措置として、アクセス制御、アクセス者の識別と認証、外部からの不正アクセス等の防止、情報システムの使用に伴う漏えい等の防止の措置を講じなければならない（通則ガイドライン）。 ○

A 147 □□ 個人データの取扱状況を確認する手段の整備は、組織的安全管理措置として講じなければならない措置として挙げられる（通則ガイドライン）。 ×

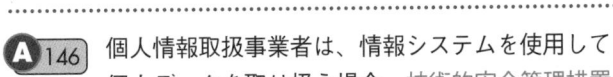

Q148 □□【予想】

個人情報取扱事業者が、技術的安全管理措置として講じなければならない措置として、個人データの取扱状況の把握および安全管理措置の見直しが挙げられる。

Q149 □□【予想】

技術的安全管理措置の手法の一例として、情報システムと外部ネットワークとの接続箇所にファイアウォール等を設置し、不正アクセスを遮断することが挙げられる。

3 従業者の監督

★★

Q150 □□【予想】

個人情報取扱事業者の理事およびアルバイト社員は、個人情報取扱事業者が監督義務を負う従業者に当たるが、直接雇用関係にない派遣社員は従業者に当たらない。

Q151 □□【予想】

従業者が、個人データの安全管理措置を定める規程等に従って業務を行っていることを確認しなかった結果、個人データが漏えいした場合、個人情報取扱事業者は従業者に対して必要かつ適切な監督を行っているとはいえない。

Q152 □□【過去】

個人情報取扱事業者の従業者が、内部規程等に違反して個人データが入ったノート型パソコンを繰り返し持ち出していたにもかかわらず、個人情報取扱事業者がその行為を放置した結果、個人データが漏えいした場合、従業者に対する必要かつ適切な監督が行われていたとはいえない。

A 148 □□
個人データの取扱状況の把握および安全管理措置の見直しは、組織的安全管理措置として講じなければならない措置に属する（通則ガイドライン）。 ×

A 149 □□
情報システムと外部ネットワークとの接続箇所にファイアウォール等を設置し、不正アクセスを遮断することが、技術的安全管理措置の手法の一例として挙げられる（通則ガイドライン）。 ○

A 150 □□
雇用関係のない理事、監事、取締役、監査役、執行役（これらの者との関係は、一般に委任関係である）や、派遣社員も、個人情報取扱事業者が監督義務を負う従業者に当たる（通則ガイドライン）。 ×

A 151 □□
個人情報取扱事業者が、規程等に従って業務が行われているかを確認しなかった結果、個人データが漏えいした場合、従業者に対して必要かつ適切な監督を行っているとはいえない（通則ガイドライン）。 ○

A 152 □□
個人情報取扱事業者が、内部規程等に対する違反行為である従業者によるノート型パソコンの持出しを放置した結果、紛失等により個人データが漏えいした場合、従業者に対する必要かつ適切な監督が行われていたとはいえない（通則ガイドライン）。 ○

Q 153 □□【予想】

個人情報取扱事業者が従業者の監督を行うに当たっては、個人データが漏えい、滅失または毀損をした場合に本人が被る権利利益の侵害の大きさや事業の性質および個人データの取扱状況等に起因するリスクを考慮することなく、常に一定の措置を講じなければならない。

★

Q 154 □□【過去】

個人情報取扱事業者の従業者または従業者であった者が、正当な理由がないのに個人情報データベース等を複製した場合、個人情報保護法上刑罰が科されることがある。

★

Q 155 □□【予想】

個人情報取扱事業者が従業者の監督を怠ると、個人情報保護委員会の勧告および命令等の対象となることがある。

4 委託先の監督

★★

Q 156 □□【予想】

個人情報取扱事業者は、個人データの取扱いの一部を委託する場合には、その取扱いを委託された個人データの安全管理が図られるよう、委託を受けた者に対し監督を行う必要がない。

A 153 □□

従業者の監督については、個人データが漏えい、滅失または毀損をした場合に本人が被る権利利益の侵害の大きさを考慮し、事業の規模・性質、個人データの取扱状況等に起因するリスクに応じて、個人データを取り扱う従業者に対する教育、研修等の内容・頻度を充実させるなど、必要かつ適切な措置を講ずることが望ましいとされている（通則ガイドライン）。 ×

A 154 □□

個人情報保護法には、個人情報取扱事業者の従業者または従業者であった者が、正当な理由がないのに個人情報データベース等の複製のみをする行為を直接処罰する規定はない。 ×

A 155 □□

従業者の監督を怠った場合、個人情報保護委員会の勧告および命令等の対象となる（法24条、148条）。 ○

A 156 □□

個人情報取扱事業者は、個人データの取扱いの全部または一部を委託する場合は、その取扱いを委託された個人データの安全管理が図られるよう、委託を受けた者に対する必要かつ適切な監督を行わなければならないとされている（法25条）。 ×

Q 157 □□【予想】

「個人データの取扱いの委託」とは、契約の形態・種類を問わず、個人情報取扱事業者が他の者に個人データの取扱いを行わせることをいう。具体的には、個人データの入力、編集、分析、出力等の処理を行うことを委託すること等が想定される。

Q 158 □□【過去】

個人情報取扱事業者が、個人データの取扱いを委託する場合、委託先に、委託する業務内容に対して必要のない個人データを提供しないようにしなければならない。

★ Q 159 □□【予想】

個人情報取扱事業者が委託先に対して行う「必要かつ適切な監督」には、委託先を適切に選定することまでは含まれない。

Q 160 □□【予想】

A社の委託先であるB社が再委託を行おうとする場合は、B社が再委託先に対し、当該再委託された個人データの安全管理が図られるよう必要かつ適切な監督を行えば足り、A社が当該再委託先について、必要かつ適切な監督を行う必要はない。

★ Q 161 □□【予想】

個人情報取扱事業者が個人データの取扱いを委託し、その受託者である委託先が再委託した場合において、元の委託元である個人情報取扱事業者が委託先について必要かつ適切な監督を行っておらず、再委託先が不適切な取扱いを行ったときは、元の委託元ではなく、委託先がその責任を負う。

A 157 □□ 「個人データの取扱いの委託」とは、契約の形態・種類を問わず、個人情報取扱事業者が他の者に個人データの取扱いを行わせることをいう。具体的には、個人データの入力、編集、分析、出力等の処理を行うことを委託すること等が想定される（通則ガイドライン）。 ○

A 158 □□ 個人情報取扱事業者が、個人データの取扱いを委託する場合、委託先に、委託する業務内容に対して必要のない個人データを提供しないようにすることは当然といえる（通則ガイドライン）。 ○

A 159 □□ 個人情報取扱事業者が委託先に対して行う「必要かつ適切な監督」には、委託先を適切に選定することが含まれる（通則ガイドライン）。 ×

A 160 □□ 委託元は、委託先を通じてまたは必要に応じて自らが、定期的に監査を実施すること等により、再委託先が法23条に基づく安全管理措置を講ずることを十分に確認することが望ましい（通則ガイドライン）。 ×

A 161 □□ 本問の場合、元の委託元である個人情報取扱事業者による法違反と判断され得るのであり、元の委託元の責任となり得る（通則ガイドライン）。 ×

Q162 □□【予想】

委託先の選定や委託先における個人データの取扱状況の把握に当たっては、取扱いを委託する個人データの内容や規模に応じて適切な方法をとる必要があるが、例えば、必要に応じて個人データを取り扱う場所に赴くまたはこれに代わる合理的な方法（口頭による確認を含む）により確認することが考えられる。

5 第三者への提供

Q163 □□【予想】

個人情報取扱事業者は、法令に基づき個人データを第三者に提供する場合であっても、本人の同意を得ることが困難であるときでなければ、あらかじめ本人の同意を得ずに、提供することはできない。

Q164 □□【予想】

個人情報の取扱いに関して同意したことによって生ずる結果について、未成年者、成年被後見人、被保佐人および被補助人が判断できる能力を有していないなどの場合は、個人情報取扱事業者は、親権者や法定代理人等から同意を得る必要がある。

Q165 □□【予想】

個人情報取扱事業者は、その親会社に個人データを提供するに際し、当該親会社は当該個人情報取扱事業者にとっての第三者に該当することはないため、当該個人情報取扱事業者は、あらかじめ本人の同意を得る必要はない。

A 162 □□

委託先における委託された個人データの取扱状況を把握するためには、定期的に監査を行う等により、委託契約で盛り込んだ内容の実施の程度を調査した上で、委託の内容等の見直しを検討することを含め、適切に評価することが望ましいとされる（通則ガイドライン）。 ○

A 163 □□

個人情報取扱事業者は、法令に基づく場合には、例外的に、あらかじめ本人の同意を得ずに個人データを第三者に提供することができる（法27条1項1号）。 ×

A 164 □□

個人情報の取扱いに関して同意したことによって生ずる結果について、未成年者、成年被後見人、被保佐人および被補助人が判断できる能力を有していないなどの場合は、個人情報取扱事業者は、親権者や法定代理人等から同意を得る必要があるとされる（通則ガイドライン）。 ○

A 165 □□

第三者提供とされる事例（ただし、法27条5項各号の場合を除く）として、親子兄弟会社、グループ会社の間で個人データを交換する場合が挙げられる（通則ガイドライン）。 ×

Q 166 □□【過去】

個人情報取扱事業者が、同業者間で、特定の個人データを交換する場合、原則として、あらかじめ本人の同意を得る必要がある。

★ Q 167 □□【予想】

個人情報取扱事業者は、人の財産の保護のために必要がある場合は、本人の同意を得ることが困難でないときでも、あらかじめ本人の同意を得ずに個人データを第三者に提供することができる。

Q 168 □□【過去】

個人情報取扱事業者である金融機関が、個人情報保護法上の個人情報取扱事業者に当たらない者から、営業活動のために個人データの提供を求められ、これに応じる場合、あらかじめ本人の同意を得る必要はない。

★ Q 169 □□【過去】

個人情報取扱事業者である総合商社の経理部が、総務部へ顧客の個人データを提供する場合、原則として、あらかじめ本人の同意を得ることが必要である。

Q 170 □□【過去】

個人データの第三者への提供に当たって、本人から同意を得る際は、書面もしくは電磁的方式によることが必要であり、口頭での同意やタッチパネルへのタッチによることは許されない。

A 166 □□ 同業者間で、特定の個人データを交換する場合、第三者に対する提供といえることから、原則として、あらかじめ本人の同意を得なければならない（通則ガイドライン）。 ○

A 167 □□ 個人情報取扱事業者は、人の生命、身体または財産の保護のために必要がある場合であって、かつ、本人の同意を得ることが困難であるときは、例外的に、あらかじめ本人の同意を得ずに個人データを第三者に提供することができる（法27条１項２号）。 ×

A 168 □□ 個人情報取扱事業者が個人データを第三者に提供するには、原則として、あらかじめ本人の同意を得ることが必要であり（法27条１項柱書）、この場合の提供の相手方が個人情報取扱事業者であるか否かを問わない。 ×

A 169 □□ 個人情報取扱事業者の内部におけるある部署と他の部署とは、互いに「第三者」の関係に立たない。したがって、総合商社の経理部が、総務部へ顧客の個人データを提供する場合、原則として、あらかじめ本人の同意を得る必要はない。 ×

A 170 □□ 第三者提供につき本人の同意を得る方法については特に限定されておらず、個人情報取扱事業者は、書面や口頭によるほか、音声入力、タッチパネルへのタッチ、ボタン等による入力でも、同意を得ることができる（通則ガイドライン）。 ×

Q 171 □□【予想】

個人情報保護法27条２項のオプトアウトによる第三者提供の事例として、住宅地図業者（表札や郵便受けを調べて住宅地図を作成・販売）やデータベース事業者（ダイレクトメール用の名簿等を作成・販売）が、あらかじめ所定の事項を自社のホームページに常時掲載し、本人からの停止の求めを受け付けられる状態にし、個人情報保護委員会に必要な届出を行った上で、販売等を行う場合が挙げられる。

Q 172 □□【予想】

個人情報取扱事業者は、「第三者提供におけるオプトアウト」を行っている場合には、本人の同意なく、要配慮個人情報を含む個人データを第三者に提供することができる。

Q 173 □□【予想】

要配慮個人情報は、オプトアウトにより第三者に提供することができないだけでなく、個人情報保護法27条１項各号に該当する場合であっても、第三者に提供するには、必ずあらかじめ本人の同意を得る必要がある。

Q 174 □□【予想】

個人情報取扱事業者は、個人情報保護法27条２項に基づき、必要な事項を個人情報保護委員会に届け出たときは、その内容を自らもインターネットの利用その他の適切な方法により公表するものとされている。

A 171 □□ ○

オプトアウトによる第三者提供をするためには、第三者提供を行う個人情報取扱事業者の氏名または名称および住所や、本人の求めに応じて第三者への提供を停止すること等、所定の事項について、あらかじめ本人に通知し、または本人が容易に知り得る状態に置くとともに、個人情報保護委員会に届出をする必要がある（通則ガイドライン）。

A 172 □□ ×

オプトアウトを行っている場合には、本人の同意がなくても、当該個人データを第三者に提供することができるが、要配慮個人情報はオプトアウトの対象から除外されている（法27条２項）。

A 173 □□ ×

要配慮個人情報を第三者に提供するにあたっては、法令に基づく場合など法27条１項各号または同条５項各号に該当する場合を除き、あらかじめ本人の同意を得る必要がある（通則ガイドライン）。

A 174 □□ ○

個人情報取扱事業者は、法27条２項に基づき、必要な事項を個人情報保護委員会に届け出たときは、その内容を自らもインターネットの利用その他の適切な方法により公表するものとされている（通則ガイドライン）。

Q175 □□【予想】

個人情報取扱事業者が「第三者提供におけるオプトアウト」を行うに当たって、個人情報保護委員会規則で定めるところにより、あらかじめ、本人に通知し、または本人が容易に知り得る状態に置くとともに、個人情報保護委員会に届け出るべき事項には、提供先である第三者の氏名および住所は含まれない。

Q176 □□【予想】

個人情報取扱事業者が「第三者提供におけるオプトアウト」を行うに当たって、個人情報保護委員会規則で定めるところにより、あらかじめ、本人に通知し、または本人が容易に知り得る状態に置いておくべき事項には、本人の求めに応じて当該本人が識別される個人データの第三者への提供を停止することは含まれない。

★★

Q177 □□【予想】

個人情報取扱事業者が「第三者提供におけるオプトアウト」を行っている場合において、本人から、当該本人が識別される個人データの第三者への提供を停止することを求められた場合、その求めに合理的理由がある場合に限り、これに応じ個人データの第三者への提供を停止しなければならない。

A 175 □□

本問で必要とされる事項は、①第三者提供を行う個人情報取扱事業者の氏名または名称および住所ならびに法人にあっては、その代表者（法人でない団体で代表者または管理人の定めのあるものにあっては、その代表者または管理人）の氏名、②第三者への提供を利用目的とすること、③第三者に提供される個人データの項目、④第三者に提供される個人データの取得の方法、⑤第三者への提供の方法、⑥本人の求めに応じて第三者への提供を停止すること、⑦本人の求めを受け付ける方法、⑧第三者に提供される個人データの更新の方法、⑨個人データの第三者提供を開始する予定日である（法27条２項１号～８号）。 ○

A 176 □□

本人の求めに応じて当該本人が識別される個人データの第三者への提供を停止することは、オプトアウトを行うため、あらかじめ本人に通知し、または本人が容易に知り得る状態に置くとともに、個人情報保護委員会に届け出るべき事項の一つである（法27条２項６号）。 ×

A 177 □□

オプトアウトを行っている個人情報取扱事業者は、本人から、当該本人が識別される個人データの第三者への提供の停止を求められた場合、その求めに合理的理由があるか否かを問わず、無条件にこれに応じなければならない（法27条２項６号）。 ×

Q 178 □□【予想】

個人情報取扱事業者は、個人情報保護法27条２項に基づきオプトアウトにより個人データの第三者提供を行っている場合であって、提供される個人データの項目、取得の方法、提供の方法、第三者への提供を停止すべきとの本人の求めを受け付ける方法、個人データの更新の方法または第三者提供を開始する予定日を変更する場合は、変更する内容について、あらかじめ、本人に通知し、または本人が容易に知り得る状態に置くとともに、個人情報保護委員会に届け出なければならない。

Q 179 □□【過去】

個人情報取扱事業者は、「第三者提供におけるオプトアウト」を行っている場合には、個人データの第三者提供の結果発生した一切の民事上及び刑事上の責任を免れる。

Q 180 □□【予想】

個人情報取扱事業者である百貨店が、顧客から注文を受けた商品を配送するため、宅配業者に個人データの取扱いの一部を委託することに伴って当該個人データが提供される場合、当該宅配業者は、個人データの第三者提供に関する個人情報保護法27条１項から４項の規定の適用については、第三者に該当しないものとされる。

A 178 □□ ○

個人情報取扱事業者は、法27条２項に基づきオプトアウトにより個人データの第三者提供を行っている場合であって、提供される個人データの項目、取得の方法、提供の方法、第三者への提供を停止すべきとの本人の求めを受け付ける方法、個人データの更新の方法または第三者提供を開始する予定日を変更する場合は、変更する内容について、あらかじめ、本人に通知し、または本人が容易に知り得る状態に置くとともに、個人情報保護委員会に届け出なければならない。また、届け出た内容については、公表することとされている（法27条３項、通則ガイドライン）。

A 179 □□ ×

個人情報取扱事業者は、オプトアウトを行っていても、個人データの第三者提供の結果発生した民事上および刑事上の責任を免れるわけではない。

A 180 □□ ○

個人情報取扱事業者が利用目的の達成に必要な範囲内において個人データの取扱いの全部または一部を委託することに伴って当該個人データが提供される場合、その委託を受けた者は、個人データの提供につき「第三者」に該当しない（法27条５項１号）。本問の事例はこれに該当する（通則ガイドライン）。

Q181 □□【予想】

個人情報取扱事業者である商社が、分社化により新設された会社に顧客の個人データを提供する場合、当該新設された会社は、個人データの第三者提供に関する個人情報保護法27条１項から４項の規定の適用については、第三者に該当しないものとされる。

Q182 □□【予想】

特定の者との間で共同して利用される個人データが当該特定の者に提供される場合であって、その旨ならびに共同して利用される個人データの項目、共同して利用する者の範囲、利用する者の利用目的ならびに当該個人データの管理について責任を有する者の氏名または名称および住所ならびに法人にあっては、その代表者の氏名について、あらかじめ、本人に通知し、または本人が容易に知り得る状態に置いているときは、当該個人データの提供を受ける者は、個人データの第三者提供に関する個人情報保護法27条１項から４項の規定の適用については、第三者に該当しないものとされる。

Q183 □□【過去】

特定の者との間で共同して利用される個人データを当該特定の者に提供する場合とは、全ての共同利用者が双方向で行う場合だけではなく、一部の共同利用者に対し、一方向で行うことも含まれる。

Q184 □□【過去】

個人情報取扱事業者は、共同利用する者の利用目的を変更しようとする場合には、変更する内容について、あらかじめ本人に通知等をしなければならない。

A 181 □□ 合併その他の事由による事業の承継に伴って個人データが提供される場合には、当該個人データの提供を受ける者は、「第三者」に該当しない（法27条５項２号）。企業の分社化は、これに該当する（通則ガイドライン）。 ◯

A 182 □□ 本問は、共同利用による例外（法27条５項３号）についての説明である。本問の要件をすべて満たす場合は、共同して利用する者への個人データの提供は、個人データの「第三者」への提供に当たらない。 ◯

A 183 □□ 共同利用の対象となる個人データの提供については、必ずしも全ての共同利用者が双方向で行う必要はなく、一部の共同利用者に対し、一方向で行うこともできるとされる（通則ガイドライン）。 ◯

A 184 □□ 個人情報取扱事業者は、共同利用する者の利用目的を変更しようとするときは変更する前に、変更しようとする内容について、本人に通知し、または本人が容易に知り得る状態に置かなければならない（法27条６項、通則ガイドライン）。 ◯

★ Q185 □□【過去】

個人情報取扱事業者は、個人の権利利益を保護する上で我が国と同等の水準にあると認められる個人情報の保護に関する制度を有している外国として個人情報保護委員会規則で定める国にある第三者に個人データを提供する場合には、あらかじめ外国にある第三者への提供を認める旨の本人の同意を得る必要はない。

Q186 □□【予想】

個人情報保護法28条が定める外国にある第三者への提供の制限において、「外国にある第三者」の「第三者」とは、個人データを提供する個人情報取扱事業者と当該個人データによって識別される本人以外の者であり、外国政府もこれに含まれる。

Q187 □□【予想】

個人情報取扱事業者は、個人データを第三者に提供したときは、原則として、個人情報保護委員会規則で定めるところにより、当該個人データを提供した年月日、当該第三者の氏名または名称その他の個人情報保護委員会規則で定める事項に関する記録を作成しなければならない。

Q188 □□【予想】

個人情報取扱事業者が個人情報保護法27条２項のオプトアウトの方法により、第三者に対し、個人データを継続的にもしくは反復して提供した場合、当該個人情報取扱事業者は、個人情報保護委員会規則で定める事項に関する記録を一括して作成することができる。

A 185 □□

個人の権利利益を保護する上で我が国と同等の水準にあると認められる個人情報の保護に関する制度を有している外国として個人情報保護委員会規則で定めるものは、「外国」から除かれる（法28条１項かっこ書）。 ○

A 186 □□

法28条において、「外国にある第三者」の「第三者」とは、個人データを提供する個人情報取扱事業者と当該個人データによって識別される本人以外の者であり、外国政府などもこれに含まれる（外国第三者提供ガイドライン）。 ○

A 187 □□

個人情報取扱事業者は、個人データを第三者に提供したときは、原則として、個人情報保護委員会規則で定めるところにより、当該個人データを提供した年月日、当該第三者の氏名または名称その他の所定の事項に関する記録を作成し、保存しなければならない（法29条）。 ○

A 188 □□

法27条２項のオプトアウトの方法により、第三者に対し、個人データを継続的にもしくは反復して提供した場合、個人情報取扱事業者は、個人情報保護委員会規則で定める事項に関する記録を一括して作成することはできず、個人データを第三者に提供した都度、速やかに記録を作成しなければならない（法29条１項、規則19条２項）。 ×

Q 189 □□【予想】

個人情報取扱事業者は、第三者から個人データの提供を受けるに際しては、原則として、個人情報保護委員会規則で定めるところにより、所定の事項の確認を行わなければならない。

Q 190 □□【予想】

個人情報取扱事業者が第三者から個人データの提供を受けるに当たり、当該第三者に対し、その氏名または名称および住所の確認を行う場合、その確認を行う方法として、当該第三者から口頭で申告を受ける方法によることは認められない。

★★
Q 191 □□【過去】

個人関連情報取扱事業者は、提供先の第三者が個人関連情報（個人関連情報データベース等を構成するものに限る。）を個人データとして取得することが想定されるときは、原則として、第三者が個人データとして取得することを認める旨の本人の同意が得られていることをあらかじめ確認しないで、当該個人関連情報を当該第三者に提供してはならない。

★
Q 192 □□【過去】

個人関連情報取扱事業者は、提供先の第三者が個人関連情報を個人データとして取得することが想定される場合には、個人情報保護法の規定による確認を行わなければならないが、その記録を作成する義務までは負わない。

A 189 □□

個人情報取扱事業者は、第三者から個人データの提供を受けるに際しては、原則として、個人情報保護委員会規則で定めるところにより、所定の事項の確認を行わなければならない（法30条１項）。 ○

A 190 □□

個人情報取扱事業者が第三者から個人データの提供を受ける際に、当該第三者の氏名または名称および住所の確認を行う方法として、当該第三者から口頭で申告を受ける方法によることが認められている（規則22条１項、確認記録義務ガイドライン）。 ×

A 191 □□

個人関連情報取扱事業者は、第三者が個人関連情報（個人関連情報データベース等を構成するものに限る）を個人データとして取得することが想定されるときは、原則として、あらかじめ個人情報保護委員会規則で定めるところにより、当該第三者が個人関連情報取扱事業者から個人関連情報の提供を受けて本人が識別される個人データとして取得することを認める旨の当該本人の同意が得られていることを確認しないで、当該個人関連情報を当該第三者に提供してはならない（法31条１項１号）。 ○

A 192 □□

個人関連情報取扱事業者は、法31条１項の規定による確認を行ったときは、個人情報保護委員会規則で定めるところにより、所定の事項に関する記録を作成しなければならない（法31条３項、30条３項）。 ×

POINTマスター

個人データの取扱いに関する義務

13 安全管理措置（法23条、通則ガイドライン）

項目	講じなければならない措置
基本方針の策定	個人データの適正な取扱いの確保について組織として取り組むために、基本方針を策定する
個人データの取扱いに係る規律の整備	取り扱う個人データの漏えい等の防止その他の個人データの安全管理のために、個人データの具体的な取扱いに係る規律を整備する
組織的安全管理措置	①組織体制の整備 ②個人データの取扱いに係る規律に従った運用 ③個人データの取扱状況を確認する手段の整備 ④漏えい等事案に対応する体制の整備 ⑤取扱状況の把握および安全管理措置の見直し
人的安全管理措置	従業者の教育
物理的安全管理措置	①個人データを取り扱う区域の管理 ②機器および電子媒体等の盗難等の防止 ③電子媒体等を持ち運ぶ場合の漏えい等の防止 ④個人データの削除および機器、電子媒体等の廃棄
技術的安全管理措置	①アクセス制御 ②アクセス者の識別と認証 ③外部からの不正アクセス等の防止 ④情報システムの使用に伴う漏えい等の防止

14 従業者・委託先の監督（必要かつ適切な監督を行っていない事例）

従業者	①従業者が、個人データの安全管理措置を定める規程等に従って業務を行っていることを確認しなかった結果、個人データが漏えいした場合 ②内部規程等に違反して個人データが入ったノート型パソコンまたは外部記録媒体が繰り返し持ち出されていたにもかかわらず、その行為を放置した結果、当該パソコンまたは当該記録媒体が紛失し、個人データが漏えいした場合
委託先	①個人データの安全管理措置の状況を契約締結時およびそれ以後も適宜把握せず外部の事業者に委託した結果、委託先が個人データを漏えいした場合 ②個人データの取扱いに関して必要な安全管理措置の内容を委託先に指示しなかった結果、委託先が個人データを漏えいした場合 ③再委託の条件に関する指示を委託先に行わず、かつ委託先の個人データの取扱状況の確認を怠り、委託先が個人データの処理を再委託した結果、当該再委託先が個人データを漏えいした場合 ④契約の中に、委託元は委託先による再委託の実施状況を把握することが盛り込まれているにもかかわらず、委託先に対して再委託に関する報告を求めるなどの必要な措置を行わず、委託元の認知しない再委託が行われた結果、当該再委託先が個人データを漏えいした場合

15 第三者への個人データの提供（法27条）

<table>
<tr><td>原則</td><td>事前に本人の同意を得ることが必要（１項柱書）</td></tr>
<tr><td rowspan="3">例外（本人の事前の同意を得る必要はない）</td><td>１．例外的に事前の同意を要しない場合（１項各号）
①法令に基づく場合
②人の生命、身体、財産の保護に必要な場合であって、本人の同意を得ることが困難であるとき
③公衆衛生の向上または児童の健全な育成の推進に特に必要な場合であって、本人の同意を得ることが困難であるとき
④国の機関等が遂行する法令の定める事務に協力する必要がある場合であって、本人の同意を得ることにより当該事務の遂行に支障を及ぼすおそれがあるとき
⑤当該個人情報取扱事業者が学術研究機関等である場合であって、当該個人データの提供が学術研究の成果の公表または教授のためやむを得ないとき（個人の権利利益を不当に侵害するおそれがある場合を除く）
⑥当該個人情報取扱事業者が学術研究機関等である場合であって、当該個人データを学術研究目的で提供する必要があるとき（当該個人データを提供する目的の一部が学術研究目的である場合を含み、個人の権利利益を不当に侵害するおそれがある場合を除く）（当該個人情報取扱事業者と当該第三者が共同して学術研究を行う場合に限る）
⑦当該第三者が学術研究機関等である場合であって、当該第三者が当該個人データを学術研究目的で取り扱う必要があるとき（当該個人データを取り扱う目的の一部が学術研究目的である場合を含み、個人の権利利益を不当に侵害するおそれがある場合を除く）</td></tr>
<tr><td>２．オプトアウト（２項）：要配慮個人情報は対象外
・本人の求めに応じて個人データの第三者への提供を停止することとしていること
・法定の事項について、あらかじめ、本人に通知し、または本人が容易に知り得る状態に置いていること
・法定の事項について、あらかじめ、個人情報保護委員会に届け出ていること</td></tr>
<tr><td>３．第三者に該当しない場合（５項各号）
①利用目的の達成に必要な範囲内での委託先への提供
②合併その他の事由による事業の承継に伴う提供
③特定の者との共同利用に伴う提供
・法定の情報について、あらかじめ、本人に通知し、または本人が容易に知り得る状態に置いていること</td></tr>
</table>

個人情報保護法の理解⑤
保有個人データの取扱いに関する義務

1 保有個人データに関する事項の公表等

Q 193 □□【予想】

個人情報取扱事業者は、保有個人データの利用目的を本人の知りうる状態に置かなければならないが、本人の求めに応じて遅滞なく回答することでは、本人の知りうる状態に置いているとは認められない。

★★ Q 194 □□【予想】

個人情報取扱事業者は、保有個人データの利用目的の通知の求めまたは開示の請求に係る手数料の額を定めたときは、その額を本人の知りうる状態（本人の求めに応じて遅滞なく回答する場合を含む）に置かなければならない。

Q 195 □□【予想】

個人情報取扱事業者が行う保有個人データの取扱いに関する苦情の申出先は、当該個人情報取扱事業者が本人の知りうる状態に置かなければならない事項に含まれない。

★★ Q 196 □□【過去】

個人情報取扱事業者は、本人から、当該本人が識別される保有個人データの利用目的の通知を求められたときは、本人に対し、必ず、遅滞なく、これを通知しなければならない。

保有個人データについて、本人は個人情報取扱事業者に対し、どのような求め・請求をすることができるか、整理しておきましょう。

A 193 □□ 個人情報取扱事業者は、保有個人データに関し、その利用目的等、法定の事項について、本人の知りうる状態に置かなければならないが、この知りうる状態には、本人の求めに応じて遅滞なく回答する場合も含まれる（法32条１項）。 ×

A 194 □□ 個人情報取扱事業者は、保有個人データの利用目的の通知の求めまたは開示の請求についての手数料の額を定めた場合は、その額を、本人の知りうる状態（本人の求めに応じて遅滞なく回答する場合を含む）に置かなければならない（法32条１項３号）。 ○

A 195 □□ 個人情報取扱事業者が行う保有個人データの取扱いに関する苦情の申出先は、本人が知りうる状態に置くべき事項に含まれている（法32条１項４号、令10条２号）。 ×

A 196 □□ 個人情報取扱事業者は、本人から、当該本人が識別される保有個人データの利用目的の通知を求められたときは、法32条１項の規定により当該本人が識別される保有個人データの利用目的が明らかな場合、または法21条４項１号から３号までに該当する場合を除き、本人に対し、遅滞なく、これを通知しなければならない（法32条２項）。 ×

★★ Q197 □□【過去】

個人情報取扱事業者は、本人から、当該本人が識別される保有個人データの利用目的の通知を求められた場合であっても、これに応じることで当該個人情報取扱事業者の権利又は正当な利益を害するおそれがあるときは、本人に対し、その利用目的を通知する必要はない。

★ Q198 □□【過去】

個人情報取扱事業者は、本人から、当該本人が識別される保有個人データの利用目的の通知を求められた場合で、これを通知しない旨の決定をしたときは、本人に対し、その旨を通知する必要はない。

2 保有個人データの開示

Q199 □□【予想】

個人情報取扱事業者は、本人から、当該本人が識別される保有個人データの入手元の開示の請求を受けた場合、必ずこれに応じなければならない。

★ Q200 □□【予想】

個人情報取扱事業者は、本人から、当該本人が識別される保有個人データの開示の請求を受けた場合で、当該請求に係る保有個人データが存在しないことが判明したときは、本人に対し、遅滞なく、その旨を通知しなければならない。

A 197 □□ 個人情報取扱事業者は、利用目的を本人に通知し、または公表することにより、当該個人情報取扱事業者の権利または正当な利益を害するおそれがある場合には、本人からの求めがあっても、利用目的を通知する必要はない（法32条２項２号、21条４項２号）。 ○

A 198 □□ 個人情報取扱事業者は、本人から通知を求められた保有個人データの利用目的について、これを通知しない旨の決定をしたときは、本人に対し、遅滞なく、その旨を通知しなければならない（法32条３項）。 ×

A 199 □□ 個人情報保護法上、個人情報取扱事業者に対し、本人に保有個人データの入手元の開示を義務づける規定はない。ただし、事業者の保有個人データ自体に入手元に関する情報が含まれている場合には、法33条に基づく開示請求により、原則開示される。 ×

A 200 □□ 個人情報取扱事業者が本人から保有個人データの開示の請求を受けたが、当該請求に係る保有個人データが存在しない場合には、その旨を遅滞なく、通知しなければならない（法33条３項）。 ○

★
Q201
□□
【予想】
個人情報取扱事業者は、本人から、当該本人が識別される保有個人データの開示の請求を受けたときは、当該本人に対し、所定の方法により、遅滞なく、当該保有個人データを開示しなければならない。

★★
Q202
□□
【予想】
個人情報取扱事業者は、本人から、当該本人が識別される保有個人データの開示の請求を受けた場合であっても、開示により本人の生命、身体、財産その他の権利利益を害するおそれがあるときは、これに応じる必要はない。

★★
Q203
□□
【予想】
個人情報取扱事業者は、本人から、当該本人が識別される保有個人データの開示の請求を受けたとしても、開示により当該個人情報取扱事業者の業務の適正な実施に著しい支障を及ぼすおそれがある場合は、これに応じる必要はない。

Q204
□□
【予想】
個人情報取扱事業者は、本人から開示の請求を受けた保有個人データの全部について開示しない旨の決定をしたときは、本人に対し、その旨を通知しなければならないが、保有個人データの一部について開示しない旨の決定をしたときは、本人に対し、その旨を通知する必要はない。

A 201 □□
保有個人データの開示は、電磁的記録の提供による方法、書面の交付による方法その他個人情報取扱事業者の定める方法によって行うことができる（法33条、規則30条）。 ○

A 202 □□
個人情報取扱事業者は、本人から、当該本人が識別される保有個人データの開示の請求を受けた場合でも、開示することにより本人または第三者の生命、身体、財産その他の権利利益を害するおそれがあるときは、その全部または一部を開示しないことができる（法33条２項１号）。 ○

A 203 □□
個人情報取扱事業者は、開示の請求を受けた保有個人データを開示することにより、当該個人情報取扱事業者の業務の適正な実施に著しい支障を及ぼすおそれがある場合は、その全部または一部を開示しないことができる（法33条２項２号）。 ○

A 204 □□
個人情報取扱事業者は、開示の請求に係る保有個人データの全部または一部について開示しない旨の決定をしたときは、本人に対し、遅滞なく、その旨を通知しなければならない（法33条３項）。 ×

★
Q205 □□【予想】

個人情報取扱事業者が、本人から、当該本人が識別される保有個人データの開示の請求を受けた場合には、当該保有個人データにつき他の法令の規定で開示の手続が定められているときであっても、個人情報保護法の規定に基づき開示を行わなければならない。

3 保有個人データの訂正等

Q206 □□【予想】

本人は、個人情報取扱事業者に対し、当該本人が識別される保有個人データの内容が事実でないことを理由として、当該保有個人データの内容の訂正、追加または削除を請求する場合、あらかじめ当該個人情報取扱事業者の同意を得る必要がある。

★★
Q207 □□【予想】

個人情報取扱事業者は、本人から、当該本人が識別される保有個人データのうち、氏名に関する情報が事実でないという理由によって当該保有個人データの内容の訂正等の請求を受け、調査の結果その指摘が正しいことが判明した場合、原則として個人情報保護法に基づき訂正等を行わなければならない。

A 205 □□

他の法令の規定により、当該本人が識別される保有個人データの全部または一部を開示することとされている場合には、当該全部または一部の保有個人データについては、保有個人データの開示に関する法33条1項および2項の規定は適用されない（法33条4項）。 ×

A 206 □□

本人は、個人情報取扱事業者に対し、当該本人が識別される保有個人データの内容が事実でないときは、当該保有個人データの内容の訂正、追加または削除（訂正等）を請求することができる（法34条1項）。個人情報取扱事業者の同意は不要である。 ×

A 207 □□

個人情報取扱事業者は、本人から、当該本人が識別される保有個人データの内容が事実でないという理由によりその訂正等の請求を受けた場合、訂正等に関して他の法令に特別の手続が定められている場合を除き、利用目的の達成に必要な範囲内で、遅滞なく必要な調査を行い、その結果に基づき、当該保有個人データの内容の訂正等を行わなければならない（法34条2項）。 ○

Q208 □□【予想】

個人情報取扱事業者は、本人から、当該本人が識別される保有個人データに誤りがあることを理由に訂正の請求を受け、調査の結果その指摘が正しくないことが判明した場合には、訂正を行う必要はないが、その場合には、遅滞なく、訂正を行わない旨を本人に通知しなければならない。

Q209 □□【予想】

個人情報取扱事業者は、本人から、当該本人が識別される保有個人データの内容の訂正の請求を受けた場合、その一部のみが個人情報保護法上の訂正の対象となるときは、当該一部についてのみ訂正を行うことができる。

★
Q210 □□【予想】

個人情報取扱事業者が、本人から、当該本人が識別される保有個人データの内容の訂正の請求を受けた場合は、調査の結果、訂正が利用目的の達成に必要でないときであっても訂正に応じなければならない。

Q211 □□【予想】

個人情報取扱事業者に対し、本人が保有個人データの内容の訂正の請求を行う場合には、必ずこれに先立って開示の請求を行わなければならない。

A 208 □□

個人情報取扱事業者は、本人から、当該本人が識別される保有個人データに誤りがあることを理由に訂正の請求を受け、調査の結果その指摘が正しくないことが判明した場合には、訂正を行う必要はないが、その場合には、遅滞なく、訂正を行わない旨を本人に通知しなければならない（法34条、通則ガイドライン）。 ○

A 209 □□

保有個人データの内容の一部のみが個人情報保護法上の訂正の対象となるときは、当該一部についてのみ訂正を行えばよい。 ○

A 210 □□

個人情報取扱事業者が保有個人データの内容の訂正等の義務を負うのは、利用目的の達成に必要な範囲内においてであって（法34条２項）、利用目的の達成に必要でないときは、訂正に応じる必要はない。 ×

A 211 □□

法34条１項は、訂正の請求に先立って開示の請求をすることを要件としていない。例えば、本人が個人情報取扱事業者との取引等で自己の識別される保有個人データの内容の誤りに気づいたような場合、改めて開示の請求をして確認をすることなく、訂正の請求をすることができる。 ×

4 保有個人データの利用停止等

Q212 □□ 【予想】

本人は、個人情報取扱事業者に対し、当該本人が識別される保有個人データに誤りがあるときは、当該保有個人データの利用の停止または消去を請求することができる。

★★

Q213 □□ 【予想】

個人情報取扱事業者が、本人からの請求に応じて行う保有個人データの「消去」とは、保有個人データを保有個人データとして使えなくすることであり、当該保有個人データを削除することのほか、当該保有個人データから特定の個人を識別できないようにすることも含む。

★

Q214 □□ 【予想】

個人情報取扱事業者は、本人から、当該本人が識別される保有個人データに対して必要かつ適切な安全管理措置が講じられていないことを理由に、当該保有個人データの利用の停止の請求を受けた場合であって、その請求に理由があることが判明したときは、原則として、遅滞なく、当該保有個人データの利用を停止しなければならない。

A 212 □□

本人は、個人情報取扱事業者に対し、当該本人が識別される保有個人データが法18条（利用目的による制限）もしくは19条（不適正な利用の禁止）に違反して取り扱われているとき、または法20条（適正な取得）に違反して取得されたものであるときは、当該保有個人データの利用の停止または消去（利用停止等）を請求することができる（法35条１項）。 ×

A 213 □□

法35条１項の保有個人データの「消去」とは、保有個人データを保有個人データとして使えなくすることをいう。これには、保有個人データを削除することのほか、保有個人データから特定の個人を識別できないようにすること等も含まれる（通則ガイドライン）。 ○

A 214 □□

個人情報取扱事業者が保有個人データの利用停止等（利用の停止または消去）を行わなければならないのは、同意のない目的外利用の場合（法18条違反）、不適正な利用の場合（法19条違反）および不正な取得の場合（法20条違反）に限られる（法35条１項、２項）。したがって、個人情報取扱事業者は、必要かつ適切な安全管理措置が講じられていないことを理由とする本人からの利用停止等の請求に応じる必要はない。 ×

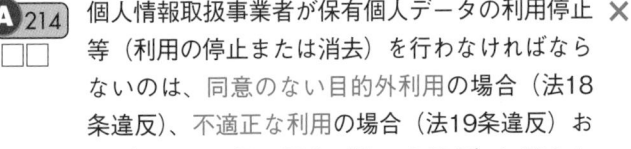

★
Q 215
□□
【予想】

個人情報取扱事業者は、本人から、当該本人が識別される保有個人データが違法な第三者提供により取得されたものであることを理由に、当該保有個人データの消去の請求を受けた場合、その請求に理由があることが判明したときは、原則として、違反を是正するために必要な限度で、遅滞なく、当該保有個人データの消去を行わなければならない。

Q 216
□□
【予想】

個人情報取扱事業者は、本人から、当該本人の権利または正当な利益が侵害されるおそれがあるとして、当該本人が識別される保有個人データの全部の利用停止等の請求を受けても、一部の保有個人データの利用停止等によって、生じている本人の権利利益の侵害のおそれを防止できる場合には、一部の保有個人データの利用停止等の措置を講ずることにより、義務を果たしたことになり、必ずしも、本人から請求を受けた措置をそのまま実施する必要はない。

★★
Q 217
□□
【過去】

個人情報取扱事業者が、個人情報保護法の規定に基づき保有個人データの利用停止等の義務を負う場合であっても、当該保有個人データの利用停止等に多額の費用を要する場合その他の利用停止等を行うことが困難な場合であって、本人の権利利益を保護するため必要なこれに代わるべき措置をとるときは、当該保有個人データの利用停止等を行わなくてもよい。

A 215 □□

違法な第三者提供による個人情報の取得は、法20条に違反する不正な取得に当たる。これを理由に本人から利用停止等の請求を受けた場合であって、その請求に理由があることが判明したときは、個人情報取扱事業者は、原則として、違反を是正するために必要な限度で、遅滞なく、当該保有個人データの利用停止等を行わなければならない（法35条２項）。 ○

A 216 □□

個人情報取扱事業者は、本人から、当該本人が識別される保有個人データ全部の利用停止等の請求を受けても、一部の保有個人データの利用停止等によって、生じている本人の権利利益の侵害のおそれを防止できる場合には、一部の保有個人データの利用停止等の措置を講ずることにより、義務を果たしたことになり、必ずしも、本人から請求を受けた措置をそのまま実施する必要はない（通則ガイドライン）。 ○

A 217 □□

個人情報取扱事業者は、利用停止等の義務を負うべきときであっても、保有個人データの利用停止等に多額の費用を要する場合その他の利用停止等を行うことが困難な場合であって、本人の権利利益を保護するため必要なこれに代わるべき措置をとるときは、利用停止等を行わなくてもよい（法35条２項ただし書）。 ○

★

Q218 □□ 【予想】

個人情報取扱事業者は、本人から、当該本人が識別される保有個人データが不正の手段により取得されたものであるという理由によって第三者への提供の停止の請求を受けた場合であって、調査の結果その請求に理由があることが判明したときは、原則として、遅滞なく、当該保有個人データの第三者への提供を停止しなければならない。

Q219 □□ 【予想】

個人情報取扱事業者は、本人から、当該本人が識別される保有個人データの第三者への提供停止の請求を受けた場合で、これに応じるときは、既に第三者へ提供した保有個人データについても回収措置をとらなければならない。

5 理由の説明

Q220 □□ 【予想】

個人情報取扱事業者は、本人から求められ、または請求された保有個人データに関する開示等の請求等に係る措置の全部または一部について、その措置と異なる措置をとる旨を通知する場合は、本人に対し、その理由を説明するよう努めなければならない。

Q221 □□ 【予想】

個人情報取扱事業者は、本人から求められ、または請求された保有個人データに関する開示等の請求等に係る措置の全部または一部について、その措置をとらない旨を通知する場合は、本人に対し、その理由を説明しなければならない。

A 218 □□

個人情報取扱事業者が保有個人データの第三者への提供を停止しなければならないのは、本人から、当該本人が識別される保有個人データが法27条1項または28条の規定に違反して本人の同意なく第三者に提供されているという理由により請求を受けた場合に限られる（法35条３項、４項）。 ×

A 219 □□

個人情報取扱事業者は、本人からの請求に応じて保有個人データの第三者への提供を停止すべき場合であっても、すでに第三者へ提供した保有個人データの回収措置までは求められていない（法35条４項参照）。 ×

A 220 □□

個人情報取扱事業者は、本人から求められ、または請求された、利用目的の通知、開示、訂正等、利用停止等、第三者提供の停止の措置の全部または一部について、その措置と異なる措置をとる旨を通知する場合は、本人に対しその理由を説明するよう努めなければならない（努力義務、法36条）。 ○

A 221 □□

個人情報取扱事業者は、本人から求められ、または請求された、利用目的の通知、開示、訂正等、利用停止等、第三者提供の停止の措置の全部または一部について、その措置をとらない旨を通知する場合は、本人に対しその理由を説明するよう努めなければならない（努力義務、法36条）。 ×

6 開示等の請求等に応じる手続

Q 222 □□【予想】

個人情報取扱事業者は、開示等の請求等に関し、その求めまたは請求を受け付ける方法を定めることができるが、本人がこれと異なる方法で開示等の請求等を行った場合にも応じなければならない。

★★

Q 223 □□【予想】

個人情報取扱事業者は、本人から保有個人データの開示等の請求等を受けた場合、本人に対し、その対象となる保有個人データを特定するに足りる事項の提示を求めることができる。

★

Q 224 □□【予想】

個人情報取扱事業者は、開示等の請求等に関し、その求めまたは請求を受け付ける方法を定める場合、開示等の請求等をする者が本人であることの確認方法を定めることができる。

★

Q 225 □□【過去】

保有個人データの開示等の請求等は、本人が委任した任意代理人によってすることはできない。

★

Q 226 □□【予想】

個人情報取扱事業者は、保有個人データに関する開示等の請求等に応じる手続を定めるに当たっては、本人に過重な負担を課するものとならないよう配慮しなければならない。

A 222 □□

個人情報取扱事業者は、開示等の請求等に関し、政令で定めるところにより、その求めまたは請求を受け付ける方法を定めることができ、この場合、本人は、定められた方法に従って、開示等の請求等を行わなければならない（法37条１項）。 ×

A 223 □□

個人情報取扱事業者は、保有個人データを特定するに足りる事項の提示を求める場合、本人が容易かつ的確に開示等の請求等をすることができるよう、当該保有個人データの特定に資する情報の提供その他本人の利便を考慮した適切な措置をとらなければならない（法37条２項）。 ○

A 224 □□

開示等の請求等を受け付ける方法として定めることができる事項には、開示等の請求等をする者が本人または代理人であることの確認の方法が含まれる（令12条３号）。 ○

A 225 □□

開示等の請求等は代理人によってすることができる（法37条３項）。この場合の代理人は、未成年者または成年被後見人の法定代理人および開示等の請求等をすることにつき本人が委任した代理人とされている（令13条）。 ×

A 226 □□

個人情報取扱事業者は、開示等の請求等に応じる手続を定めるに当たっては、本人に過重な負担を課するものとならないよう配慮しなければならない（法37条４項）。 ○

Q227 □□ 【予想】

個人情報取扱事業者が、保有個人データの開示等の請求等に関し、その請求等を受け付ける方法を定めなかった場合、開示等の請求等をする者は、自由な方法でこれを行うことができる。

7 手数料

★★

Q228 □□ 【予想】

個人情報取扱事業者は、本人から、当該本人が識別される保有個人データの利用目的の通知を求められたとき、または当該本人が識別される保有個人データの開示の請求を受けたときに、個人情報保護法上の義務として当該措置を実施する際には、手数料を徴収することができる。

Q229 □□ 【過去】

個人情報取扱事業者は、本人から、当該本人が識別される保有個人データの内容が事実でないとして、当該保有個人データの内容の訂正の請求を受けた場合、当該措置の実施に関し、個人情報保護法の規定に基づき手数料を徴収することができる。

Q230 □□ 【予想】

個人情報取扱事業者は、本人から、当該本人が識別される保有個人データの利用の停止および第三者への提供の停止の請求を受けたときは、当該措置の実施に関し、手数料を徴収することができない。

A 227 □□

個人情報取扱事業者が保有個人データの開示等の請求等を受け付ける方法を定めていない場合、開示等の請求等をする者は自由な方法で開示等の請求等を行うことができる（通則ガイドライン）。 ○

A 228 □□

個人情報取扱事業者は、本人から、当該本人が識別される保有個人データの利用目的の通知を求められたとき、または当該本人が識別される保有個人データの開示の請求を受けたときは、当該措置の実施に関し、手数料を徴収することができる（法38条１項）。 ○

A 229 □□

個人情報取扱事業者が手数料を徴収することができるのは、保有個人データの利用目的の通知を求められ、または開示の請求を受けた場合に限られ（法38条１項）、保有個人データの訂正等の請求を受けた場合は、当該措置の実施に関し、手数料を徴収することはできない。 ×

A 230 □□

個人情報取扱事業者が手数料を徴収することができるのは、保有個人データの利用目的の通知を求められ、または開示の請求を受けた場合に限られ（法38条１項）、利用停止等および第三者提供の停止の請求については、当該措置の実施に関し、手数料を徴収することはできない。 ○

★ Q231 □□【予想】

個人情報取扱事業者は、本人から、当該本人が識別される保有個人データの開示の請求を受けた場合、これに不開示の決定をしたときは、個人情報保護法の規定に基づき手数料を徴収することができない。

Q232 □□【予想】

個人情報取扱事業者は、保有個人データの利用目的の通知の求めまたは開示の請求に対しては、当該措置の実施に関し、手数料を徴収することができるが、その金額は一律に定められており、個人情報取扱事業者が定めることはできない。

★ Q233 □□【予想】

個人情報取扱事業者は、保有個人データの利用目的の通知の求めまたは開示の請求に係る措置を実施するに当たって手数料を徴収する場合は、自由にその手数料の額を定めることができる。

A 231 □□

結果として不開示となったとしても、対象となる情報の探索、内容の確認や本人への通知等に際して費用が生じているため、個人情報取扱事業者は、手数料を徴収することができる。 ×

A 232 □□

個人情報取扱事業者は、保有個人データの利用目的の通知の求めまたは開示の請求に係る手数料の額を定める場合は、実費を勘案して合理的であると認められる範囲内としなければならない（法38条２項）。つまり、個人情報取扱事業者が手数料の額を定めることが認められている。 ×

A 233 □□

個人情報取扱事業者は、保有個人データの利用目的の通知の求めまたは開示の請求についての手数料を徴収する場合は、実費を勘案して合理的であると認められる範囲内において、その手数料の額を定めなければならない（法38条２項）。 ×

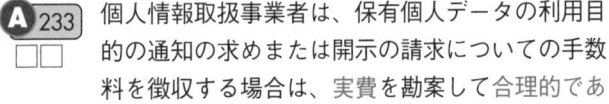

POINTマスター

保有個人データの取扱いに関する義務

16 「本人からの求め・請求」による保有個人データの開示等

「本人からの求め・請求」の内容	個人情報取扱事業者の義務の内容
	原則
利用目的の通知の求め（法32条2項、3項）	本人が識別される保有個人データ（以下、「保有個人データ」と記載）の利用目的を、本人に対し、遅滞なく、通知しなければならない（通知しない旨の決定をしたときは、その旨を通知しなければならない）
開示の請求（法33条）	本人に対し、電磁的記録の提供による方法、書面の交付による方法その他当該個人情報取扱事業者の定めた方法により、遅滞なく、保有個人データを開示しなければならない（開示しない旨の決定をしたときまたは存在しないときなどは、その旨を通知しなければならない）
訂正、追加または削除（訂正等）の請求（法34条）	利用目的の達成に必要な範囲内で、遅滞なく必要な調査を行い、その結果に基づき、保有個人データの内容の訂正等をし、本人に対し、遅滞なく、その内容等を通知しなければならない（訂正等をしない旨の決定をしたときは、その旨を通知しなければならない）
利用の停止または消去（利用停止等）の請求（法35条1項、2項、7項）	利用目的による制限（法18条）、不適正な利用の禁止（法19条）または適正な取得（法20条）に違反していることが判明したときは、違反を是正するために必要な限度で、遅滞なく、保有個人データの利用停止等を行い、本人に対し、遅滞なく、その旨を通知しなければならない（利用停止等をしない旨の決定をしたときは、その旨を通知しなければならない）
第三者提供の停止の請求（法35条3項、4項、7項）	第三者提供の制限（法27条1項）または外国の第三者への提供の制限（法28条）に違反していることが判明したときは、遅滞なく、保有個人データの第三者への提供を停止し、本人に対し、遅滞なく、その旨を通知しなければならない（第三者への提供を停止しない旨の決定をしたときは、その旨を通知しなければならない）

個人情報取扱事業者は、保有個人データについて、本人から、利用目的の通知の求め、開示・訂正等・利用停止等、第三者提供の停止の請求を受けた場合、どのような対応をする義務を負うのかを整理した。

個人情報取扱事業者の義務の内容
例外（本人からの求め・請求に応じなくてもよい場合）
①保有個人データの利用目的が明らかな場合 ②利用目的を本人に通知し、または公表することにより本人または第三者の生命、身体、財産その他の権利利益を害するおそれがある場合 ③利用目的を本人に通知し、または公表することにより当該個人情報取扱事業者の権利または正当な利益を害するおそれがある場合 ④国の機関または地方公共団体が法令の定める事務を遂行することに対して協力する必要がある場合であって、利用目的を本人に通知し、または公表することにより当該事務の遂行に支障を及ぼすおそれがあるとき
①本人または第三者の生命、身体、財産その他の権利利益を害するおそれがある場合 ②個人情報取扱事業者の業務の適正な実施に著しい支障を及ぼすおそれがある場合 ③他の法令に違反することとなる場合
内容の訂正等に関して他の法令に特別の手続が定められている場合
次の要件をすべて満たす場合 ・利用停止等に多額の費用を要する場合その他の利用停止等をすることが困難な場合であること ・本人の権利利益を保護するため必要なこれに代わるべき措置をとること
次の要件をすべて満たす場合 ・第三者への提供の停止に多額の費用を要する場合その他の第三者への提供を停止することが困難な場合であること ・本人の権利利益を保護するため必要なこれに代わるべき措置をとること

総論

個人情報保護法の理解⑥

その他の規定と関連法令等

1 事前の請求

★
Q234 □□【過去】

本人は、個人情報保護法の規定による開示の請求に係る訴えを提起しようとするときは、原則として、その訴えの被告となるべき者に対し、あらかじめ、当該請求を行い、その請求日から２週間を経過した後でなければ、その訴えを提起することができない。

Q235 □□【過去】

本人が、個人情報保護法の規定による利用停止等の請求に係る訴えを提起しようとして、あらかじめ、その訴えの被告となるべき者に対し、裁判外の請求を行った場合、当該請求は、通常到達すべきであった時に、到達したものと推定される。

Q236 □□【過去】

本人が、個人情報保護法の規定による開示の請求に係る仮処分命令の申立てをしようとする場合には、あらかじめ、当該請求を行う必要がある。

2 苦情の処理

★★
Q237 □□【予想】

個人情報取扱事業者は、個人情報の取扱いに関する苦情の適切かつ迅速な処理を行わなければならず、これを怠ると、個人情報保護法に基づき処罰される。

試験では、個人情報保護法の内容だけでなく、同法に関連する法令等についても出題されます。

A 234 □□ ×

本人は、当該本人が識別される保有個人データの開示（法33条1項）等の請求に係る訴えを提起しようとするときは、原則として、その訴えの被告となるべき者に対し、あらかじめ、当該請求を行い、かつ、その到達した日から2週間を経過した後でなければ、その訴えを提起することができない（法39条1項）。

A 235 □□ ×

法39条1項の規定により本人が行った裁判外の請求は、その請求が通常到達すべきであった時に、到達したものとみなされる（法39条2項）。

A 236 □□ ○

法39条1項および2項の規定は、当該本人が識別される保有個人データの開示（法33条1項）等の請求に係る仮処分命令の申立てについて準用される（法39条3項）。

A 237 □□ ×

個人情報取扱事業者は、個人情報の取扱いに関する苦情の適切かつ迅速な処理に努めなければならないが（法40条1項）、これは努力義務であり、怠っても処罰されない。

★★
Q238 □□【過去】
個人情報取扱事業者は、個人情報の取扱いに関する苦情の適切かつ迅速な処理を行うに当たり、必要な体制の整備に努めなければならない。

Q239 □□【予想】
個人情報取扱事業者が、適切かつ迅速に処理すべき個人情報の取扱いに関する苦情とは、法律上の義務に違反した個人情報の漏えい事故に関するものに限られる。

★
Q240 □□【過去】
個人情報保護法上の苦情の処理義務の対象となる「苦情」は、本人からの苦情に限定されず、第三者の個人情報に関するものも含まれる。

3 仮名加工情報取扱事業者等の義務

Q241 □□【予想】
個人情報取扱事業者は、仮名加工情報データベース等を構成する仮名加工情報を作成するときは、他の情報と照合しない限り特定の個人を識別することができないようにするために個人情報を加工しなければならない。

Q242 □□【過去】
個人情報取扱事業者は、仮名加工情報を作成したときは、削除情報等（仮名加工情報の作成に用いられた個人情報から削除された記述等及び個人識別符号並びに加工方法に関する情報をいう。）の漏えいを防止するために、削除情報等を削除しなければならない。

A 238 □□

個人情報取扱事業者は、個人情報の取扱いに関する苦情を適切かつ迅速に処理するという目的を達成するために必要な体制の整備に努めなければならない（努力義務、法40条２項）。 ○

A 239 □□

法40条１項にいう「苦情」とは、個人情報の取扱いに関するものを広く含み、法令違反等の事実や漏えい等の事件・事故に関するものに限られない。 ×

A 240 □□

法40条１項にいう「苦情」は、本人からのものに限定されておらず、第三者の個人情報に関するものであっても構わない。 ○

A 241 □□

個人情報取扱事業者は、仮名加工情報（仮名加工情報データベース等を構成するものに限る）を作成するときは、他の情報と照合しない限り特定の個人を識別することができないようにするために必要なものとして個人情報保護委員会規則で定める基準に従い、個人情報を加工しなければならない（法41条１項）。 ○

A 242 □□

個人情報取扱事業者は、仮名加工情報（仮名加工情報データベース等を構成するものに限る）を作成したときは、削除情報等の漏えいを防止するために必要なものとして個人情報保護委員会規則で定める基準に従い、削除情報等の安全管理のための措置を講じなければならないとされている（法41条2項）。 ×

Q 243 □□【過去】

個人情報取扱事業者である仮名加工情報取扱事業者は、個人情報である仮名加工情報を取得した場合には、あらかじめその利用目的を公表している場合を除き、速やかに、その利用目的を、本人に通知し、かつ、公表しなければならない。

Q 244 □□【予想】

個人情報取扱事業者である仮名加工情報取扱事業者は、仮名加工情報データベース等を構成する仮名加工情報である個人データおよび削除情報等を利用する必要がなくなったときは、当該個人データおよび削除情報等を遅滞なく消去するよう努めなければならない。

Q 245 □□【過去】

個人情報取扱事業者である仮名加工情報取扱事業者は、原則として、仮名加工情報である個人データを第三者に提供することができる。

Q 246 □□【予想】

個人情報取扱事業者である仮名加工情報取扱事業者は、個人情報であって、かつ、仮名加工情報データベース等を構成する仮名加工情報を取り扱うにあたっては、当該仮名加工情報の作成に用いられた個人情報に係る本人を識別するために、当該仮名加工情報を他の情報と照合してはならない。

A 243 □□ ✕

仮名加工情報（仮名加工情報データベース等を構成するものに限り、個人情報であるものに限る）に関する法21条1項の規定の適用については、「個人情報取扱事業者は、仮名加工情報を取得した場合は、あらかじめその利用目的を公表している場合を除き、速やかに、その利用目的を公表しなければならない」とされる（法41条4項）。

A 244 □□ ○

仮名加工情報取扱事業者（個人情報取扱事業者である者に限る）は、仮名加工情報（仮名加工情報データベース等を構成するものに限り、個人情報であるものに限る）である個人データおよび削除情報等を利用する必要がなくなったときは、当該個人データおよび削除情報等を遅滞なく消去するよう努めなければならず、この場合においては、法22条の規定は適用されない（法41条5項）。

A 245 □□ ✕

仮名加工情報取扱事業者（個人情報取扱事業者である者に限る）は、法令に基づく場合を除くほか、仮名加工情報（仮名加工情報データベース等を構成するものに限り、個人情報であるものに限る）である個人データを第三者に提供してはならない（法41条6項前段）。

A 246 □□ ○

仮名加工情報取扱事業者（個人情報取扱事業者である者に限る）は、仮名加工情報（仮名加工情報データベース等を構成するものに限り、個人情報であるものに限る）を取り扱うに当たっては、当該仮名加工情報の作成に用いられた個人情報に係る本人を識別するために、当該仮名加工情報を他の情報と照合してはならない（法41条7項）。

Q 247 □□【過去】

仮名加工情報取扱事業者は、あらかじめ本人の同意を得ない限り、仮名加工情報を第三者に提供してはならない。

Q 248 □□【予想】

第三者は、原則として、個人情報ではなく、かつ、仮名加工情報データベース等を構成する仮名加工情報の提供を受けることができないが、合併その他の事由による事業の承継に伴う場合は、仮名加工情報の提供を受けることができる。

Q 249 □□【予想】

仮名加工情報取扱事業者は、その取り扱う個人情報ではなく、かつ、仮名加工情報データベース等を構成する仮名加工情報について、その漏えいの防止その他の仮名加工情報の安全管理のために必要かつ適切な措置を講じなければならない。

4 匿名加工情報取扱事業者等の義務

Q 250 □□【過去】

個人情報取扱事業者は、匿名加工情報データベース等を構成する匿名加工情報を作成するときは、特定の個人を識別すること及びその作成に用いる個人情報を復元することができないようにするために必要なものとして個人情報保護委員会規則で定める基準に従い、当該個人情報を加工しなければならない。

A 247 □□

仮名加工情報取扱事業者は、法令に基づく場合を除くほか、仮名加工情報を第三者に提供してはならない（法41条6項前段、42条1項）。 ×

A 248 □□

法27条5項の規定は、仮名加工情報（仮名加工情報データベース等を構成するものに限り、個人情報であるものを除く）の提供を受ける者に準用されるため（法42条2項前段）、合併その他の事由による事業の承継による場合、仮名加工情報の提供を受けることができる。 ○

A 249 □□

法23条の規定は、仮名加工情報取扱事業者による仮名加工情報（仮名加工情報データベース等を構成するものに限り、個人情報であるものを除く）の取扱いについて準用され、「仮名加工情報取扱事業者は、その取り扱う仮名加工情報の漏えいの防止その他の仮名加工情報の安全管理のために必要かつ適切な措置を講じなければならない」と読み替えられる（法42条3項）。 ○

A 250 □□

個人情報取扱事業者は、匿名加工情報（匿名加工情報データベース等を構成するものに限る）を作成するときは、特定の個人を識別することおよびその作成に用いる個人情報を復元することができないようにするために必要なものとして個人情報保護委員会規則で定める基準に従い、当該個人情報を加工しなければならない（法43条1項）。 ○

Q 251
□□
【過去】

個人情報取扱事業者は、匿名加工情報データベース等を構成する匿名加工情報を作成したときは、その作成に用いた個人情報から削除した記述等及び個人識別符号並びに個人情報保護法の規定により行った加工の方法に関する情報の漏えい防止のため、個人情報保護委員会規則で定める基準に従い、これらの情報の安全管理のための措置を講じなければならない。

Q 252
□□
【予想】

匿名加工情報データベース等を構成する匿名加工情報を作成するにあたっては、特定の個人を識別することおよびその作成に用いる個人情報を復元することができないようにするために必要なものとして個人情報保護委員会規則で定める基準を満たす必要があるが、個人情報に含まれる特定の個人を識別することができる記述等の一部を削除することは、当該基準には該当しない。

Q 253
□□
【予想】

匿名加工情報データベース等を構成する匿名加工情報を作成するときに従うべき、特定の個人を識別することおよびその作成に用いる個人情報を復元することができないようにするために必要なものとして個人情報保護委員会規則で定める基準の一つとして、個人情報に含まれる個人識別符号の全部または一部を削除することが挙げられる。

A 251 □□　○

個人情報取扱事業者は、匿名加工情報（匿名加工情報データベース等を構成するものに限る）を作成したときは、その作成に用いた個人情報から削除した記述等および個人識別符号ならびに法43条1項の規定により行った加工の方法に関する情報の漏えいを防止するために必要なものとして個人情報保護委員会規則で定める基準に従い、これらの情報の安全管理のための措置を講じなければならない（法43条2項）。

A 252 □□　×

匿名加工情報（匿名加工情報データベース等を構成するものに限る）を作成するときに従うべき基準の1つとして、個人情報に含まれる特定の個人を識別することができる記述等の全部または一部を削除すること（当該全部または一部の記述等を復元することのできる規則性を有しない方法により他の記述等に置き換えることを含む）が挙げられる（規則34条1号）。

A 253 □□　×

匿名加工情報（匿名加工情報データベース等を構成するものに限る）を作成するときに従うべき基準の一つとして、個人情報に含まれる個人識別符号の全部を削除すること（当該個人識別符号を復元することのできる規則性を有しない方法により他の記述等に置き換えることを含む）が挙げられる（規則34条2号）。

Q254 □□【予想】

個人情報取扱事業者は、匿名加工情報データベース等を構成する匿名加工情報を作成したときは、個人情報保護委員会規則で定めるところにより、当該匿名加工情報の作成に用いられた個人情報から削除した個人識別符号を公表しなければならない。

Q255 □□【過去】

個人情報取扱事業者は、匿名加工情報データベース等を構成する匿名加工情報を作成して自ら当該匿名加工情報を取り扱うに当たっては、当該匿名加工情報の作成に用いられた個人情報に係る本人を識別するために、当該匿名加工情報を他の情報と照合してもよい。

Q256 □□【予想】

匿名加工情報取扱事業者は、自ら個人情報を加工して作成したものを除き、匿名加工情報データベース等を構成する匿名加工情報を第三者に提供するときは、個人情報保護委員会規則で定めるところにより、あらかじめ、第三者に提供される匿名加工情報に含まれる個人に関する情報の項目およびその提供の方法について公表するとともに、当該第三者に対して、当該提供に係る情報が匿名加工情報である旨を明示しなければならない。

A 254 □□

個人情報取扱事業者は、匿名加工情報（匿名加工情報データベース等を構成するものに限る）を作成したときは、個人情報保護委員会規則で定めるところにより、当該匿名加工情報に含まれる個人に関する情報の項目を公表しなければならない（法43条３項）。 ×

A 255 □□

個人情報取扱事業者は、匿名加工情報（匿名加工情報データベース等を構成するものに限る）を作成して自ら当該匿名加工情報を取り扱うにあたっては、当該匿名加工情報の作成に用いられた個人情報に係る本人を識別するために、当該匿名加工情報を他の情報と照合してはならない（法43条５項）。 ×

A 256 □□

匿名加工情報取扱事業者は、匿名加工情報（匿名加工情報データベース等を構成するものに限り、自ら個人情報を加工して作成したものを除く）を第三者に提供するときは、個人情報保護委員会規則で定めるところにより、あらかじめ、第三者に提供される匿名加工情報に含まれる個人に関する情報の項目およびその提供の方法について公表するとともに、当該第三者に対して、当該提供に係る情報が匿名加工情報である旨を明示しなければならない（法44条）。 ○

Q 257 □□【予想】

匿名加工情報取扱事業者は、匿名加工情報を取り扱うに当たっては、当該匿名加工情報の作成に用いられた個人情報に係る本人を識別するために、受領した匿名加工情報の加工方法等情報を取得し、または当該匿名加工情報を他の情報と照合してもよい。

Q 258 □□【予想】

匿名加工情報取扱事業者は、自ら個人情報を加工して作成したものを除き、匿名加工情報データベース等を構成する匿名加工情報の安全管理のために必要かつ適切な措置、匿名加工情報の取扱いに関する苦情の処理その他の匿名加工情報の適正な取扱いを確保するために必要な措置を自ら講じ、かつ、当該措置の内容を公表しなければならない。

5 認定個人情報保護団体

Q 259 □□【予想】

認定個人情報保護団体とは、個人情報取扱事業者等の個人情報等の適正な取扱いの確保を目的として法が定める業務を行おうとする法人（法人でない団体で代表者または管理人の定めのあるものを含む）で、個人情報保護委員会の認定を受けたものをいう。

A 257 □□

匿名加工情報取扱事業者は、匿名加工情報（匿名加工情報データベース等を構成するものに限り、自ら個人情報を加工して作成したものを除く）を取り扱うに当たっては、当該匿名加工情報の作成に用いられた個人情報に係る本人を識別するために、当該個人情報から削除された記述等、個人識別符号、受領した匿名加工情報の加工の方法に関する情報を取得し、または当該匿名加工情報を他の情報と照合してはならない（法45条）。 ×

A 258 □□

匿名加工情報取扱事業者は、匿名加工情報（匿名加工情報データベース等を構成するものに限り、自ら個人情報を加工して作成したものを除く）の安全管理のために必要かつ適切な措置、匿名加工情報の取扱いに関する苦情の処理その他の匿名加工情報の適正な取扱いを確保するために必要な措置を自ら講じ、かつ、当該措置の内容を公表するよう努めなければならない（努力義務、法46条）。 ×

A 259 □□

認定個人情報保護団体とは、個人情報取扱事業者等の個人情報等の適正な取扱いの確保を目的として個人情報保護法が定める業務を行おうとする法人（法人でない団体で代表者または管理人の定めのあるものを含む）で、個人情報保護委員会の認定を受けたものをいう（法47条１項、51条１項）。 ○

Q 260 □□【予想】

認定個人情報保護団体は、認定業務の対象となることについて同意を得た個人情報取扱事業者等を対象事業者としなければならない。

Q 261 □□【予想】

認定個人情報保護団体は、本人その他の関係者から対象事業者の個人情報等の取扱いに関する苦情について解決の申出があったときは、その相談に応じ、申出人に必要な助言をし、その苦情に係る事情を調査するとともに、当該対象事業者に対し、その苦情の内容を通知してその迅速な解決を求めなければならない。

★ Q 262 □□【過去】

認定個人情報保護団体は、認定業務の実施に際して知り得た情報を認定業務の用に供する目的以外に利用してはならない。

Q 263 □□【予想】

認定個人情報保護団体は、個人情報等の保護の推進を目的とする民間団体であり、その自主性尊重の観点から、設立のための認定を受けた後は個人情報保護委員会の関与を受けることはない。

A 260 □□

認定個人情報保護団体が対象事業者としなければならないのは、認定業務の対象となることについて同意を得た個人情報取扱事業者等である（法52条１項）。 ○

A 261 □□

認定個人情報保護団体は、対象事業者の個人情報等の取扱いに関する苦情について、本問のような措置をとらなければならない（法53条１項）。これは、認定個人情報保護団体が任意で行うものではなく、義務として行うものである。 ○

A 262 □□

認定個人情報保護団体が認定業務の実施に際して知り得た情報は、認定業務の用に供する目的にのみ利用することができる（法55条）。 ○

A 263 □□

個人情報保護委員会は、認定個人情報保護団体に対して報告の徴収、命令、認定の取消しをする権限を有する（法153条～155条）。 ×

6 適用除外

Q264 □□【予想】

個人情報保護法上、適用除外を受けることのある一定の個人情報取扱事業者等および個人関連情報取扱事業者であっても、その個人情報等および個人関連情報を取り扱う目的の一部のみが適用除外事由に該当するに過ぎないときは、個人情報取扱事業者等の義務等の規定の適用は除外されない。

Q265 □□【予想】

新聞社が、政治活動の用に供する目的で個人情報等および個人関連情報を取り扱った場合、個人情報保護法上の個人情報取扱事業者等および個人関連情報取扱事業者の義務等の規定は適用されない。

Q266 □□【予想】

著述を業として行う個人情報取扱事業者等が、著述の用に供する目的で個人情報等を取り扱う場合、個人情報保護法上の個人情報取扱事業者等の義務等の規定は適用されない。

★ **Q267** □□【予想】

報道機関が適用除外とされる場合における「報道」とは、不特定かつ多数の者に対して客観的事実を事実として知らせること（これに基づいて意見または見解を述べることを含む）をいう。

A 264 □□ ×

個人情報取扱事業者等および個人関連情報取扱事業者のうち法57条１項各号に掲げる者については、その個人情報等および個人関連情報を取り扱う目的の全部または一部がそれぞれ当該各号に規定する目的であるときは、個人情報取扱事業者等の義務等の規定の適用が除外される（法57条１項）。

A 265 □□ ×

新聞社その他の報道機関（報道を業として行う個人を含む）である個人情報取扱事業者等および個人関連情報取扱事業者は、その個人情報等および個人関連情報を取り扱う目的の全部または一部が報道の用に供する目的であるときは、個人情報取扱事業者等および個人関連情報取扱事業者の義務等の規定は適用されない（法57条１項１号）。

A 266 □□ ○

著述を業として行う個人情報取扱事業者等は、その個人情報等を取り扱う目的の全部または一部が著述の用に供する目的であるときは、個人情報取扱事業者等の義務等の規定は適用されない（法57条１項２号）。

A 267 □□ ○

法57条１項１号に規定する「報道」とは、不特定かつ多数の者に対して客観的事実を事実として知らせること（これに基づいて意見または見解を述べることを含む）をいう（法57条２項）。

★★
Q268 □□【予想】
個人情報取扱事業者等の義務等の規定の適用が除外される個人情報取扱事業者等は、個人データ、仮名加工情報または匿名加工情報の安全管理のために必要かつ適切な措置、個人情報等の取扱いに関する苦情の処理その他の個人情報等の適正な取扱いを確保するために必要な措置を自ら講じ、かつ、当該措置の内容を公表しなければならない。

7 個人情報保護委員会

★
Q269 □□【過去】
個人情報保護委員会は、総務大臣の所轄に属する。

Q270 □□【過去】
委員長及び委員は、人格が高潔で識見の高い者のうちから、両議院の同意を得て、内閣総理大臣が任命する。

Q271 □□【予想】
個人情報保護委員会は、一定の必要限度において、個人情報取扱事業者、仮名加工情報取扱事業者、匿名加工情報取扱事業者または個人関連情報取扱事業者（個人情報取扱事業者等）に対し、個人情報、仮名加工情報、匿名加工情報または個人関連情報（個人情報等）の取扱いに関し、必要な報告もしくは資料の提出を求めることができるが、個人情報保護委員会の職員に、当該個人情報取扱事業者等の事務所等に立ち入らせることはできない。

A 268 □□

個人情報保護法の適用除外となる個人情報取扱事業者等であっても、個人データ、仮名加工情報または匿名加工情報の安全管理のために必要かつ適切な措置および個人情報等の取扱いに関する苦情の処理その他の個人情報等の適正な取扱いを確保するために必要な措置を自ら講じ、かつ、当該措置の内容を公表するよう努めなければならないとされている（努力義務、法57条３項）。 ×

A 269 □□

個人情報保護委員会は、内閣総理大臣の所轄に属する（法130条２項）。 ×

A 270 □□

委員長および委員は、人格が高潔で識見の高い者のうちから、両議院の同意を得て、内閣総理大臣が任命する（法134条３項）。 ○

A 271 □□

個人情報保護委員会は、一定の必要限度において、個人情報取扱事業者等に対し、個人情報等の取扱いに関し、必要な報告もしくは資料の提出を求め、またはその職員に、当該個人情報取扱事業者等の事務所等に立ち入らせ、個人情報等の取扱いに関し質問させ、もしくは帳簿書類その他の物件を検査させることができる（法146条１項）。 ×

Q 272 □□【予想】

個人情報保護委員会は、その勧告を受けた個人情報取扱事業者等が正当な理由がなくてその勧告に係る措置をとらなかった場合において個人の重大な権利利益の侵害が切迫していると認めるときは、当該個人情報取扱事業者等に対し、その勧告に係る措置をとるべきことを命ずることができる。

Q 273 □□【予想】

個人情報保護法148条に規定される個人情報保護委員会の「勧告（１項)」、「命令（２項)」および「緊急命令（３項)」については、個人情報取扱事業者等が個人情報の保護に関する法律についてのガイドライン（通則編）に沿って必要な措置等を講じたか否かにつき判断して行うものとされる。

★
Q 274 □□【予想】

個人情報保護委員会が、個人情報保護法の規定により個人情報取扱事業者等に対し報告もしくは資料の提出の要求、立入検査、指導、助言、勧告または命令を行うに当たっては、個人情報保護の観点から、表現の自由、学問の自由、信教の自由および政治活動の自由を妨げることとなってもやむを得ないとされている。

Q 275 □□【予想】

個人情報保護委員会は、報道機関が報道の用に供する目的で個人情報等を取り扱う場合において、個人情報取扱事業者等が当該報道機関に対して個人情報等を提供する行為については、その権限を行使しない。

A 272 □□

本問の場合、個人情報保護委員会は、個人情報取扱事業者等に対し、命令を発することができる（法148条２項）。なお、一定の場合には、勧告をせずに発することのできる緊急命令もある（法148条３項）。 ○

A 273 □□

個人情報保護法148条に規定される個人情報保護委員会の「勧告（１項）」、「命令（２項）」および「緊急命令（３項）」については、通則ガイドラインに沿って必要な措置等を講じたか否かにつき判断して行うものとされる（通則ガイドライン）。 ○

A 274 □□

個人情報保護委員会は、個人情報保護法の規定により個人情報取扱事業者等に対し報告もしくは資料の提出の要求、立入検査、指導、助言、勧告または命令を行うに当たっては、表現の自由、学問の自由、信教の自由および政治活動の自由を妨げてはならないとされている（法149条１項）。 ×

A 275 □□

個人情報保護委員会は、個人情報取扱事業者等が報道機関や宗教団体などの法57条１項各号に掲げる者（それぞれ当該各号に定める目的で個人情報等を取り扱う場合に限る）に対して個人情報等を提供する行為については、その権限を行使しないものとされている（法149条２項）。 ○

Q276 □□【予想】

個人情報保護法上の事業所管大臣は、個人情報取扱事業者等が行う個人情報等の取扱いのうち雇用管理に関するものについては、厚生労働大臣（船員の雇用管理に関するものについては、国土交通大臣）および当該個人情報取扱事業者等が行う事業を所管する大臣となるが、国家公安委員会が当該個人情報取扱事業者等の事業所管大臣となることはない。

8 罰則その他の規定

Q277 □□【予想】

法人である個人情報取扱事業者の従業者がその業務に関して取り扱った個人情報データベース等を自己または第三者の不正な利益を図る目的で提供したときは、１年以下の懲役または50万円以下の罰金に処されるが、法人である個人情報取扱事業者の従業者がその業務に関して取り扱った個人情報データベース等を、当該法人を退職した後に、自己または第三者の不正な利益を図る目的で提供しても、刑事罰を科されることはない。

Q278 □□【予想】

個人情報取扱事業者である法人の従業者が、その法人の業務に関して取り扱った個人情報データベース等を自己または第三者の不正な利益を図る目的で提供したときは、当該従業者に刑事罰が科されるほか、当該法人に対しても、罰金刑が科される。

Q279 □□【過去】

個人情報保護委員会による命令に違反し、法人の従業者が、100万円以下の罰金に処せられた場合、当該法人も同様に100万円以下の罰金に処せられる。

A 276 □□ 個人情報取扱事業者等が行う個人情報等の取扱いのうち雇用管理に関するものについては、厚生労働大臣（船員の雇用管理に関するものについては、国土交通大臣）および当該個人情報取扱事業者等が行う事業を所管する大臣、国家公安委員会またはカジノ管理委員会が当該個人情報取扱事業者等の事業所管大臣となる（法152条１号）。 ×

A 277 □□ 個人情報取扱事業者（その者が法人である場合にあっては、その役員、代表者または管理人）もしくはその従業者またはこれらであった者（退職者など）が、その業務に関して取り扱った個人情報データベース等（その全部または一部を複製し、または加工したものを含む）を自己もしくは第三者の不正な利益を図る目的で提供し、または盗用したときは、１年以下の懲役または50万円以下の罰金に処される（法179条）。 ×

A 278 □□ 法人の代表者または法人もしくは人の代理人、使用人その他の従業者が、その法人または人の業務に関して、法178条および法179条の違反行為をしたときは、行為者を罰するほか、その法人または人に対しても、罰金刑が科される（法184条１項１号）。 ○

A 279 □□ 個人情報保護委員会による命令に違反し、法人の従業者が、100万円以下の罰金に処せられた場合、当該法人は、１億円以下の罰金に処せられる（法178条、184条１項１号）。 ×

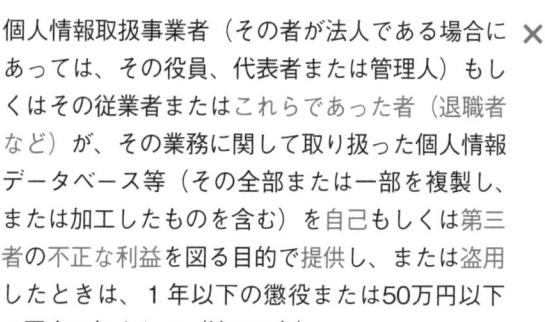

9 事業者に求められる対応

Q 280 □□【予想】

個人情報の保護に関する基本方針（平成16年４月２日閣議決定、令和４年４月１日一部変更）においては、個人情報取扱事業者等は、個人情報の保護および適正かつ効果的な活用について自主的に取り組むことが期待されているところであり、体制の整備等に積極的に取り組んでいくことが求められている。

Q 281 □□【予想】

個人情報取扱事業者は、その取り扱う個人データの漏えい、滅失、毀損その他の個人データの安全の確保に係る事態であって個人の権利利益を害するおそれが大きいものとして個人情報保護委員会規則で定めるものが生じたときは、原則として、個人情報保護委員会規則で定めるところにより、当該事態が生じた旨を個人情報保護委員会に報告しなければならない。

Q 282 □□【予想】

個人データの「漏えい」とは、個人データが外部に流出することをいい、個人データの「滅失」とは、個人データの内容が失われることをいい、また、個人データの「毀損」とは、個人データの内容が意図しない形で変更されることや、内容を保ちつつも利用不能な状態となることをいう。

A 280 □□ ○

個人情報の保護に関する基本方針において、個人情報取扱事業者等は、法の規定に従うほか、民間部門ガイドラインおよび認定個人情報保護団体の個人情報保護指針等に則し、個人情報の保護および適正かつ効果的な活用について自主的に取り組むことが期待されているところであり、体制の整備等に積極的に取り組んでいくことが求められているとされる。

A 281 □□ ○

個人情報取扱事業者は、その取り扱う個人データの漏えい、滅失、毀損その他の個人データの安全の確保に係る事態であって個人の権利利益を害するおそれが大きいものとして個人情報保護委員会規則で定めるものが生じたときは、一定の場合を除き、個人情報保護委員会規則で定めるところにより、当該事態が生じた旨を個人情報保護委員会に報告しなければならない（法26条１項）。

A 282 □□ ○

個人データの「漏えい」とは、個人データが外部に流出することをいう。個人データの「滅失」とは、個人データの内容が失われることをいう。個人データの「毀損」とは、個人データの内容が意図しない形で変更されることや、内容を保ちつつも利用不能な状態となることをいう。（通則ガイドライン）。

Q 283
□□
【予想】

個人情報取扱事業者が法26条１項本文の規定による報告をする場合、その報告すべき事項に、報告をしようとする時点において把握している「二次被害またはそのおそれの有無およびその内容」は含まれるが、報告をしようとする時点において把握している「再発防止のための措置」は含まれない。

Q 284
□□
【予想】

個人情報取扱事業者は、その取り扱う個人データの漏えい、滅失、毀損その他の個人データの安全の確保に係る事態であって個人の権利利益を害するおそれが大きいものとして個人情報保護委員会規則で定めるものが生じたときは、本人に対し、個人情報保護委員会規則で定めるところにより、当該事態が生じた旨を必ず通知しなければならない。

A 283 □□ ×

個人情報取扱事業者が法26条１項本文の規定による報告をする場合、報告をしようとする時点において把握している「二次被害またはそのおそれの有無およびその内容」、および報告をしようとする時点において把握している「再発防止のための措置」のいずれも、報告すべき事項に含まれる（規則８条）。

A 284 □□ ×

法26条１項に規定する場合には、個人情報取扱事業者（同項ただし書の規定による通知をした者を除く）は、本人に対し、個人情報保護委員会規則で定めるところにより、当該事態が生じた旨を通知しなければならない（法26条２項本文）。ただし、本人への通知が困難な場合であって、本人の権利利益を保護するため必要なこれに代わるべき措置をとるときは、この限りでない（法26条２項ただし書）。

10 行政機関等の義務等

Q285 □□【予想】

個人情報保護法上の行政機関には、会計検査院は含まれない。

★★

Q286 □□【予想】

行政機関等とは、行政機関、議会を除く地方公共団体の機関、別表第2に掲げる法人を除く独立行政法人等、および地方独立行政法人法21条1号に掲げる業務を主たる目的とするものまたは同条2号もしくは3号（チに係る部分に限る）に掲げる業務を目的とするものを除く地方独立行政法人をいう。

★

Q287 □□【予想】

保有個人情報とは、行政機関等の職員（独立行政法人等および地方独立行政法人にあっては、その役員を含む）が職務上作成し、または取得した個人情報であって、当該行政機関等の職員が組織的に利用するものとして、当該行政機関等が保有しているものをいい、行政文書、法人文書または地方公共団体等行政文書（行政文書等）に記録されているものには限られない。

Q288 □□【予想】

行政機関等は、個人情報を保有するにあたっては、条例を含む法令の定める所掌事務または業務を遂行するため必要な場合に限り、かつ、その利用目的をできる限り特定しなければならない。

A 285 □□
個人情報保護法上の行政機関には、会計検査院が含まれる（法２条８項）。 ×

A 286 □□
行政機関等とは、①行政機関、②地方公共団体の機関（議会を除く）、③独立行政法人等（別表第２に掲げる法人を除く）、④地方独立行政法人（地方独立行政法人法21条１号に掲げる業務を主たる目的とするものまたは同条２号もしくは３号（チに係る部分に限る）に掲げる業務を目的とするものを除く）をいう（法２条11項）。 ○

A 287 □□
保有個人情報とは、行政機関等の職員（独立行政法人等および地方独立行政法人にあっては、その役員を含む）が職務上作成し、または取得した個人情報であって、当該行政機関等の職員が組織的に利用するものとして、当該行政機関等が保有しているものをいうが、行政文書、一定の法人文書または一定の地方公共団体等行政文書（行政文書等）に記録されているものに限られる（法60条１項）。 ×

A 288 □□
行政機関等は、個人情報を保有するにあたっては、法令（条例を含む）の定める所掌事務または業務を遂行するため必要な場合に限り、かつ、その利用目的をできる限り特定しなければならない。（法61条１項）。 ○

Q 289 □□【予想】

個人情報ファイルとは、保有個人情報を含む情報の集合物であって、一定の事務の目的を達成するために特定の保有個人情報を電子計算機を用いて検索することができるように体系的に構成したもの、または、一定の事務の目的を達成するために氏名、生年月日、その他の記述等により特定の保有個人情報を容易に検索することができるように体系的に構成したものをいう。

Q 290 □□【過去】

何人も、行政機関の長等に対し、当該行政機関の長等の属する行政機関等の保有する自己を本人とする保有個人情報の開示を請求することができる。

Q 291 □□【過去】

開示請求は、開示請求をする者の氏名及び住所又は居所と開示請求に係る保有個人情報が記録されている行政文書等の名称その他の開示請求に係る保有個人情報を特定するに足りる事項を記載した書面を行政機関の長等に提出してしなければならない。

Q 292 □□【過去】

開示請求をする者は、政令で定めるところにより、開示請求に係る保有個人情報の本人であることを示す書類を提示し、又は提出しなければならない。

A 289 □□ ○

個人情報ファイルとは、保有個人情報を含む情報の集合物であって、①一定の事務の目的を達成するために特定の保有個人情報を電子計算機を用いて検索することができるように体系的に構成したもの、②①のほか、一定の事務の目的を達成するために氏名、生年月日、その他の記述等により特定の保有個人情報を容易に検索することができるように体系的に構成したものをいう（法60条2項）。

A 290 □□ ○

何人も、個人情報保護法の定めるところにより、行政機関の長等に対し、当該行政機関の長等の属する行政機関等の保有する自己を本人とする保有個人情報の開示を請求することができる（法76条1項）。

A 291 □□ ○

開示請求は、①開示請求をする者の氏名および住所または居所、②開示請求に係る保有個人情報が記録されている行政文書等の名称その他の開示請求に係る保有個人情報を特定するに足りる事項を記載した書面（開示請求書）を行政機関の長等に提出してしなければならない（法77条1項）。

A 292 □□ ○

法77条1項の場合において、開示請求をする者は、政令で定めるところにより、開示請求に係る保有個人情報の本人であることを示す書類を提示し、または提出しなければならない。（法77条2項）。

11 さまざまな関連法令

Q 293 □□【予想】

嫌がらせのため、他人の個人情報を無断でインターネット上のショッピングサイトに登録した場合、電磁的記録不正作出罪が成立する可能性がある。

★★
Q 294 □□【過去】

個人情報取扱事業者の保有する個人情報が保管されたコンピュータを盗んだ者は、個人情報を保護する特別の法令により罪に問われるため、刑法上の窃盗罪には問われることはない。

Q 295 □□【予想】

不正アクセス行為の禁止等に関する法律は、高度情報通信社会の健全な発展に寄与することを目的として不正アクセス行為を禁止する法律であるが、個人情報が保存されているコンピュータへの不正アクセス行為が同法違反に問われることはありうる。

★
Q 296 □□【過去】

裁判員として刑事裁判に参加している者が、職務上知ることのできた他人の秘密を漏らしたときは、裁判員の参加する刑事裁判に関する法律（裁判員法）に基づき刑罰を科されることがある。

A 293 □□ ○

人の事務処理を誤らせる目的で、その事務処理の用に供する権利、義務または事実証明に関する電磁的記録を不正に作った者には、電磁的記録不正作出罪が成立する可能性がある（刑法161条の2第1項）。

A 294 □□ ×

本問の個人情報が保管されたコンピュータは他人の財物である。他人の財物を窃取《せっしゅ》すると窃盗罪が成立する（刑法235条）。なお、暴行・脅迫を加えて財物を奪うと強盗罪が成立する（刑法236条1項）。

A 295 □□ ○

不正アクセス行為の禁止等に関する法律（不正アクセス禁止法）は、個人情報を保護の対象から除外しておらず、個人情報が保存されているコンピュータに対する不正アクセス行為は、不正アクセス禁止法違反に問われうる。

A 296 □□ ○

裁判員法では、裁判員が、評議の秘密その他の職務上知り得た秘密を漏らしたときは、懲役刑または罰金刑を科す旨が定められている（裁判員法108条1項）。

Q297 □□【過去】

個人情報取扱事業者から個人情報の委託を受けた者が、委託契約に反して個人情報を漏えいして個人情報取扱事業者に損害を生じさせたときは、委託を受けた者は民法上の損害賠償責任を負うことがある。

★★
Q298 □□【過去】

個人情報取扱事業者の従業者が、個人情報を誤って流出させた場合、雇用主たる個人情報取扱事業者が本人から損害賠償責任を追及されることはない。

Q299 □□【予想】

特定電子メールの送信の適正化等に関する法律（特定電子メール法）は、広告または宣伝を行うための手段として送信される特定電子メールの送信の適正化のための措置等を定めることにより、電子メールの利用についての良好な環境の整備を図り、もって高度情報通信社会の健全な発展に寄与することを目的とする。

Q300 □□【予想】

個人情報が不正競争防止法上の営業秘密として保護されるためには、秘密管理性、有用性および非公知性の要件をすべて充たす必要がある。

Q301 □□【予想】

詐欺により営業秘密である個人情報を取得した者は、不正競争防止法に基づき差止めや損害賠償を請求される可能性はあるが、不正競争防止法に基づき刑事罰を科されることはない。

A 297 □□ 委託契約に反して個人情報を漏えいすることは、「債務者がその債務の本旨に従った履行をしないとき」に当たるため、委託を受けた者は、委託者である個人情報取扱事業者に対して、民法上の損害賠償責任を負うことがある（民法415条1項）。 ○

A 298 □□ ある事業のために他人（従業者）を使用する者は、被用者（従業者）がその事業の執行について第三者（本人）に加えた損害を賠償する責任を負う（民法715条1項）。これを使用者責任という。 ×

A 299 □□ 特定電子メール法は、一時に多数の者に対してされる特定電子メールの送信等による電子メールの送受信上の支障を防止する必要性が生じていることにかんがみ、特定電子メールの送信の適正化のための措置等を定めることにより、電子メールの利用についての良好な環境の整備を図り、もって高度情報通信社会の健全な発展に寄与することを目的とする（特定電子メール法1条）。 ○

A 300 □□ 「営業秘密」とは、秘密として管理されている生産方法、販売方法その他の事業活動に有用な技術上または営業上の情報であって、公然と知られていないものをいう（不正競争防止法2条6項）。 ○

A 301 □□ 詐欺により営業秘密である個人情報を取得する行為は、不正競争として差止請求や損害賠償請求の対象となりうるほか（不正競争防止法2条1項4号、3条、4条）、不正競争防止法に基づく刑事罰の対象となりうる（不正競争防止法21条1項1号）。 ×

12 個人情報保護委員会のガイドライン

Q 302 □□ 【予想】

個人情報保護委員会の「個人情報の保護に関する法律についてのガイドライン（通則編）」中に具体例として記述されている部分は、事業者の理解を助けることを目的としてすべての事案を網羅して示したものである。

Q 303 □□ 【予想】

個人情報保護委員会の「個人情報の保護に関する法律についてのガイドライン（通則編）」の中で、「しなければならない」および「してはならない」と記述している事項については、これらに従わなかったことをもって直ちに法違反と判断されることはないが、事業者の特性や規模に応じ可能な限り対応することが望まれる。

Q 304 □□ 【予想】

個人情報保護委員会の「個人情報の保護に関する法律についてのガイドライン（通則編）」は、原則として、法の適用対象である個人情報取扱事業者、個人関連情報取扱事業者、仮名加工情報取扱事業者または匿名加工情報取扱事業者（個人情報取扱事業者等）に該当する事業者に適用されるが、取り扱う個人情報の量および利用方法からみて個人の権利利益を害するおそれが少ないものとして政令で定める者は、適用が除外されている。

Q 305 □□ 【予想】

個人情報保護委員会の「個人情報の保護に関する法律についてのガイドライン（通則編）」においては、個人情報の保護という目的を達成するために、公益上必要な活動や正当な事業活動等を制限することとしている。

A 302 □□

個人情報保護委員会のガイドライン（通則編）において記述された具体例は、事業者の理解を助けることを目的として典型的なものを示したもので、すべての事案を網羅したものではなく、その内容に限定する趣旨で記述されたものでもない。 ×

A 303 □□

個人情報保護委員会のガイドライン（通則編）の中で、「しなければならない」および「してはならない」と記述している事項については、これらに従わなかった場合、法違反と判断される可能性がある。 ×

A 304 □□

個人情報保護委員会のガイドライン（通則編）は、事業者の業種・規模等を問わず、法の適用対象である個人情報取扱事業者等に該当する事業者に適用される。 ×

A 305 □□

個人情報保護委員会のガイドライン（通則編）は、個人情報保護法の目的（法１条）の趣旨に照らして、公益上必要な活動や正当な事業活動等までも制限するものではないとしている。 ×

POINTマスター

その他の規定と関連法令等

17 仮名加工情報取扱事業者等の義務

加工方法	所定の基準に従い適正に加工する（法41条1項）
作成または削除情報等を取得したとき	削除情報等の安全管理措置を講じる（法41条2項）
取得したとき	個人情報である仮名加工情報を取得したときは、あらかじめその利用目的を公表している場合を除き、速やかに、その利用目的を公表する（法41条4項）
自ら取り扱う際	①法令に基づく場合を除き、利用目的の達成に必要な範囲を超えて、個人情報である仮名加工情報を取り扱ってはならない（法41条3項） ②必要がなくなった仮名加工情報である個人データおよび削除情報等を遅滞なく消去するよう努める（法41条5項） ③本人を識別するために、個人情報である仮名加工情報を他の情報と照合してはならない（法41条7項） ④元の個人情報に係る本人への連絡等の禁止（法41条8項）
第三者に提供するとき	法令に基づく場合を除くほか、仮名加工情報を第三者に提供してはならない（法41条6項、42条）

18 匿名加工情報取扱事業者等の義務

加工方法	所定の基準に従い適正に加工する（法43条1項）
作成したとき	①加工方法等情報の安全管理措置を講じる（法43条2項） ②匿名加工情報に含まれる個人に関する情報の項目を公表する（法43条3項） ③匿名加工情報の安全管理措置等を自ら講じ、かつ、当該措置の内容を公表するよう努める（法43条6項）
自ら取り扱うとき	自ら作成した匿名加工情報を取り扱う際は、本人を識別するために、当該匿名加工情報を他の情報と照合してはならない（法43条5項）
第三者に提供するとき	あらかじめ、第三者に提供される匿名加工情報に含まれる個人に関する情報の項目およびその提供方法について公表するとともに、当該第三者に対して、当該情報が匿名加工情報である旨を明示する（法43条4項、44条）
第三者から提供を受けた匿名加工情報を取り扱うとき	①本人を識別するために、受領した匿名加工情報の加工方法等情報を取得し、または当該匿名加工情報を他の情報と照合してはならない（法45条） ②匿名加工情報の安全管理措置等を自ら講じ、かつ、当該措置の内容を公表するよう努める（法46条）

19 個人情報保護法の適用除外（法 57 条）

個人情報取扱事業者等および個人関連情報取扱事業者	個人情報等および個人関連情報を取り扱う目的
報道機関（放送機関、新聞社、通信社等）	報道の用に供する目的
著述を業として行う者	著述の用に供する目的
宗教団体	宗教活動の用に供する目的
政治団体	政治活動の用に供する目的

20 個人情報保護委員会による監督

監督の方法	内容	違反した者への罰則
報告・立入検査（法146条1項）	個人情報取扱事業者等の義務等に関する規定の施行に必要な限度で、個人情報取扱事業者等その他の関係者に対し、個人情報等の取扱いに関し、必要な報告や資料の提出を求め、または職員による事務所等への立ち入り、個人情報等の取扱いに関する質問、帳簿書類等の物件の検査を行う	50万円以下の罰金（法182条1号）（注）
指導・助言（法147条）	個人情報取扱事業者等の義務等に関する規定の施行に必要な限度で、個人情報取扱事業者等に対し、個人情報等の取扱いに関し必要な指導および助言をする	なし
勧告（法148条1項）	個人情報取扱事業者等に義務違反があった場合において個人の権利利益を保護するため必要があると認めるときは、当該個人情報取扱事業者等に対し、当該違反行為の中止その他違反を是正するために必要な措置をとるべき旨を勧告する	
命令（法148条2項）	勧告を受けた個人情報取扱事業者等が正当な理由がなくてその勧告に係る措置をとらなかった場合において個人の重大な権利利益の侵害が切迫していると認めるときは、当該個人情報取扱事業者等に対し、その勧告に係る措置をとるべきことを命令する	1年以下の懲役または100万円以下の罰金（法178条）（注）
緊急命令（法148条3項）	個人情報取扱事業者等に所定の義務違反があった場合において個人の重大な権利利益を害する事実があるため緊急に措置をとる必要があると認めるときは、当該個人情報取扱事業者等に対し、勧告や命令によらずに、緊急命令をする	

（注）違反した者だけでなく、事業者にも50万円以下の罰金または1億円以下の罰金が科される（法184条）

総論

番号法の理解①

番号法の基本事項

1 番号法の概要

★★

Q306 □□【予想】

番号法は、その目的として、行政運営の効率化および行政分野におけるより公正な給付と負担の確保を図ることのほか、国民が利便性の向上を得られるようにすることを規定している。

Q307 □□【過去】

各行政機関で管理していた個人情報について、個人番号をもとに特定の機関に共通のデータベースを構築して運用するという「一元管理」の仕組みが採用されている。

2 個人情報保護法との関係

★★

Q308 □□【予想】

番号法は個人情報保護法の特別法であり、特定個人情報については、番号法と個人情報保護法の両方に規定がある場合、番号法の規定が優先して適用される。

Q309 □□【過去】

特定個人情報の取扱いにおいて、番号法に特段の規定がなく個人情報保護法が適用される部分であっても、個人情報保護法上のガイドライン・指針等については、遵守する必要はないとされている。

番号法の目的、個人情報保護法との関係、番号法の基本的な用語を理解しておきましょう。

A 306 □□

番号法は、行政運営の効率化および行政分野におけるより公正な給付と負担の確保を図り、かつ、国民が、手続の簡素化による負担の軽減等の利便性の向上を得られるようにするために必要な事項を定めることを目的としている（法１条）。 ○

A 307 □□

番号制度の導入後も、各行政機関で管理していた個人情報について、個人番号をもとに特定の機関に共通のデータベースを構築して運用する仕組みは採用されておらず、導入前と同様に引き続き分散管理の仕組みが採用されている。 ×

A 308 □□

特定個人情報については、番号法が特別法、個人情報保護法が一般法であり、番号法の規定が優先して適用される。 ○

A 309 □□

特定個人情報の取扱いにおいて、個人情報保護法上のガイドライン・指針等と番号法上のガイドライン・指針等との関係は、一般法と特別法の関係と同様である。番号法に特段の規定がなく個人情報保護法が適用される部分については、個人情報保護法上のガイドライン・指針等を遵守する必要がある。 ×

Q310 □□【過去】

個人情報保護法では、あらかじめ本人の同意があれば、利用目的の達成に必要な範囲を超えて個人情報を取り扱うことができるとされており、これは、特定個人情報についても同様である。

3 用語の定義

★★ **Q311** □□【予想】

行政機関とは、国家行政組織法に規定する行政機関をいう。

★★ **Q312** □□【予想】

番号法上、個人情報とは、個人情報保護法２条１項に規定する個人情報をいう。

★★ **Q313** □□【過去】

個人番号とは、番号法の規定により、住民票コードを変換して得られる番号であり、当該住民票コードが記載された住民票に係る者を識別するために指定されるものをいう。

★★ **Q314** □□【予想】

特定個人情報とは、個人番号（個人番号に対応し、当該個人番号に代わって用いられる番号、記号その他の符号であって、住民票コード以外のものを含む）をその内容に含む個人情報をいう。

★★ **Q315** □□【予想】

法人番号とは、番号法の規定により、特定の法人その他の団体を識別するための番号として指定されるものをいう。

A 310 □□
個人情報については、本問の記述の通りである。番号法上、本人の同意の有無にかかわらず、利用目的の達成に必要な範囲を超えて特定個人情報を取り扱ってはならないとされている（法30条2項、個人情報保護法18条1項）。 ×

A 311 □□
番号法上、行政機関とは、個人情報保護法2条8項に規定する行政機関をいう（法2条1項）。 ×

A 312 □□
番号法上、個人情報とは、個人情報保護法2条1項に規定する個人情報をいう（法2条3項）。 ○

A 313 □□
番号法上、個人番号とは、法7条1項または2項の規定により、住民票コードを変換して得られる番号であって、当該住民票コードが記載された住民票に係る者を識別するために指定されるものをいう（法2条5項）。 ○

A 314 □□
番号法上、特定個人情報とは、個人番号（個人番号に対応し、当該個人番号に代わって用いられる番号、記号その他の符号であって、住民票コード以外のものを含む）をその内容に含む個人情報をいう（法2条8項）。 ○

A 315 □□
番号法上、法人番号とは、法39条1項または2項の規定により、特定の法人その他の団体を識別するための番号として指定されるものをいう（法2条15項）。 ○

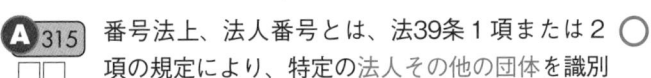

POINTマスター

番号法の基本事項

21 用語の定義

個人情報 (法2条3項)	個人情報保護法2条1項に規定する個人情報
個人情報ファイル (法2条4項)	① 個人情報保護法60条2項に規定する個人情報ファイルであって行政機関等が保有するもの ② 個人情報保護法16条1項に規定する個人情報データベース等であって行政機関等以外の者が保有するもの
個人番号 (法2条5項)	法7条1項または2項の規定により、住民票コードを変換して得られる番号であって、当該住民票コードが記載された住民票に係る者を識別するために指定されるもの
本人 (法2条6項)	個人番号によって識別される特定の個人
個人番号カード (法2条7項)	氏名、住所、生年月日、性別、個人番号その他政令で定める事項が記載され、本人の写真が表示され、かつ、これらの事項その他総務省令で定める事項（カード記録事項）が電磁的方法により記録されたカードであって、番号法または同法に基づく命令で定めるところによりカード記録事項を閲覧し、または改変する権限を有する者以外の者による閲覧または改変を防止するために必要なものとして主務省令で定める措置が講じられたもの

特定個人情報（法2条8項）		個人番号（個人番号に対応し、当該個人番号に代わって用いられる番号、記号その他の符号であって、住民票コード以外のものを含む）をその内容に含む個人情報
特定個人情報ファイル（法2条9項）		個人番号をその内容に含む個人情報ファイル
個人番号利用事務等（法10条1項）	個人番号利用事務（法2条10項）	行政機関、地方公共団体、独立行政法人等その他の行政事務を処理する者が法9条1項から3項までの規定によりその保有する特定個人情報ファイルにおいて個人情報を効率的に検索し、および管理するために必要な限度で個人番号を利用して処理する事務
	個人番号関係事務（法2条11項）	法9条4項の規定により個人番号利用事務に関して行われる他人の個人番号を必要な限度で利用して行う事務
個人番号利用事務等実施者（法12条）	個人番号利用事務実施者（法2条12項）	個人番号利用事務を処理する者および個人番号利用事務の全部または一部の委託を受けた者 国の行政機関、地方公共団体、日本年金機構等
	個人番号関係事務実施者（法2条13項）	個人番号関係事務を処理する者および個人番号関係事務の全部または一部の委託を受けた者 ほとんどの一般の民間事業者等

総論

番号法の理解②

個人番号にかかわる規制

1 個人番号の指定・通知等

Q316 □□【予想】

市町村長は、住民基本台帳法の規定により住民票に住民票コードを記載したときは、政令で定めるところにより、速やかに、番号法の規定により地方公共団体情報システム機構から通知された個人番号とすべき番号をその者の個人番号として指定し、その者に対し、当該個人番号を通知しなければならない。

Q317 □□【過去】

個人番号が漏えいして不正に用いられるおそれがあると認められるときは、市町村長の職権により個人番号の変更ができるが、当該個人番号の本人の請求では、個人番号の変更はできない。

★ Q318 □□【過去】

地方公共団体情報システム機構は、市町村長から個人番号とすべき番号の生成を求められたときは、政令で定めるところにより、番号法の規定により設置される電子情報処理組織を使用して、番号法に規定されている要件に該当する番号を生成するものとされている。

個人番号の生成、通知等のほか、個人番号の取得、利用、委託、安全管理等に関する手続や義務等について整理し、理解するようにしましょう。

A 316 □□ ○

市町村長（特別区の区長を含む）は、住民基本台帳法30条の３第２項の規定により住民票に住民票コードを記載したときは、政令で定めるところにより、速やかに、法８条２項の規定により地方公共団体情報システム機構から通知された個人番号とすべき番号をその者の個人番号として指定し、その者に対し、当該個人番号を通知しなければならない（法７条１項）。

A 317 □□ ×

本問の場合、市町村長（特別区の区長を含む）は、その者（本人）の請求または職権により、その者の個人番号を変更し、速やかに、その者に対し、当該個人番号を通知しなければならない（法７条２項）。

A 318 □□ ○

本問の要件は、①他のいずれの個人番号（法７条２項の従前の個人番号を含む）とも異なること、②法８条１項の住民票コードを変換して得られるものであること、③②の住民票コードを復元することのできる規則性を備えるものでないことである（法８条２項）。

2 個人番号カード

★
Q 319 □□【予想】

市町村長は、職権により、当該市町村が備える住民基本台帳に記録されている者すべてに対し、その者に係る個人番号カードを交付しなければならない。

Q 320 □□【予想】

個人番号カードには、氏名、住所、生年月日、性別、個人番号その他政令で定める事項が記載され、本人の写真が表示される。

★★
Q 321 □□【過去】

個人番号カードのICチップ内のカード記録事項が記録された領域には、氏名、住所、生年月日、性別、個人番号その他政令で定める事項、税や年金の情報などの情報及び総務省令で定める事項が記録される。

3 利用に関する規制

★★
Q 322 □□【予想】

番号法は、個人情報保護法とは異なり、個人番号の利用範囲を定めており、個人番号の利用目的を制限している。

A 319 □□

市町村長は、政令で定めるところにより、当該市町村が備える住民基本台帳に記録されている者に対し、その者の申請により、その者に係る個人番号カードを交付するものとされている（法17条1項前段）。 ×

A 320 □□

個人番号カードの記載事項は、氏名、住所、生年月日、性別、個人番号その他政令で定める事項であり、また、本人の写真が表示される（法２条７項）。 ○

A 321 □□

個人番号カードのICチップ内のカード記録事項が記録された領域には、氏名、住所、生年月日、性別、個人番号その他政令で定める事項および主務省令で定める事項（住民票コード）が記録される（法２条７項）。税や年金の情報などの情報は、記録されない。 ×

A 322 □□

個人情報保護法は、個人情報の利用範囲を定めていない。他方、番号法は、個人番号の利用範囲を定めており（法９条）、個人番号の利用目的を制限している。 ○

Q 323 □□【予想】

地方公共団体の長その他の執行機関は、福祉、保健もしくは医療その他の社会保障、地方税または防災に関する事務その他これらに類する事務であって条例で定めるものの処理に関して保有する特定個人情報ファイルにおいて個人情報を効率的に検索し、および管理するために必要な限度で個人番号を利用することができる。

4 委託に関する規制

Q 324 □□【過去】

個人番号利用事務等の全部又は一部の委託をする者（委託者）は、委託先において、番号法に基づき委託者自らが果たすべき安全管理措置と同等の措置が講じられるよう必要かつ適切な監督を行わなければならない。

Q 325 □□【過去】

個人番号利用事務等実施者は、個人番号利用事務等の全部又は一部の委託をすることができるが、委託を受けた者は、最初の委託者の許諾がなくても、当該個人番号利用事務等の範囲内に限り、更に委託（再委託）をすることができる。

A 323 □□

地方公共団体における福祉、保健もしくは医療その他の社会保障、地方税または防災に関する事務その他これらに類する事務であって条例で定めるものは、個人番号利用事務として規定されている（法２条10項、９条２項）。 ○

A 324 □□

委託者が行うべき「必要かつ適切な監督」（法11条）とは、番号法に基づき委託者自らが果たすべき安全管理措置と同等の措置が講じられるよう監督することである。 ○

A 325 □□

個人番号利用事務等の全部または一部の委託を受けた者は、当該個人番号利用事務等の委託をした者の許諾を得た場合に限り、その全部または一部の再委託をすることができる（法10条１項）。 ×

5 安全管理措置

★
Q326 □□【予想】

個人番号利用事務実施者は、個人番号の漏えい、滅失または毀損の防止その他の個人番号の適切な管理のために必要な措置を講じなければならないが、個人番号関係事務実施者はこのような措置を講ずる必要はない。

Q327 □□【予想】

個人情報保護委員会は、特定個人情報に関し個人番号利用事務等実施者が適切な管理に必要な措置を講じていない場合において、特定個人情報の適正な取扱いの確保のために必要があると認めるときは、当該個人番号利用事務等実施者に対し、期限を定めて、当該違反行為の中止その他違反を是正するために必要な措置をとるべき旨を勧告することができる。

6 取得に関する規制

★★
Q328 □□【過去】

個人番号関係事務実施者である事業者は、従業員に対して、給与の源泉徴収事務等のため、雇用契約の締結時点で個人番号の提供を求めることができる。

★
Q329 □□【過去】

個人番号関係事務実施者である事業者は、社会保障や税における扶養親族に該当しない者の個人番号であっても、従業員の家族であれば、念のために個人番号の提供を求めておくことができる。

A 326 □□ ×

個人番号利用事務実施者および個人番号関係事務実施者（個人番号利用事務等実施者）は、個人番号の漏えい、滅失または毀損の防止その他の個人番号の適切な管理のために必要な措置を講じなければならない（法12条）。

A 327 □□ ○

個人情報保護委員会は、特定個人情報に関し適切な管理に必要な措置を講じていないなど、法令の規定に違反する行為が行われた場合において、所定の要件を充たすときは、当該違反行為をした者に対し、期限を定めて、当該違反行為の中止その他違反を是正するために必要な措置をとるべき旨を勧告することができる（法34条１項）。

A 328 □□ ○

従業員の給与の源泉徴収事務等、事業者が行う個人番号関係事務においては、雇用契約締結時等の個人番号関係事務の発生が予期できた時点で個人番号の提供を求めることが可能と解されている。

A 329 □□ ×

従業員の家族で社会保障や税における扶養親族に該当しない者の個人番号については、個人番号関係事務を処理するために必要があるといえないため、個人番号の提供を求めることができない。

★ Q330 □□【過去】

事業者は、個人番号関係事務実施者として、講演料、地代等に係る個人の支払先に対し、支払調書作成事務に必要な個人番号の提供を求めることができる。

Q331 □□【予想】

番号法は、個人番号利用事務等実施者については個人番号の提供の求めの制限を規定しているが、個人番号利用事務等実施者に該当しない者については、個人番号の提供を求めることを制限していない。

Q332 □□【予想】

番号法上、同一の世帯に属する親子の間で、親が子に対し個人番号の提供を求めることは制限されていない。

★★ Q333 □□【過去】

個人番号利用事務等実施者が、本人から個人番号の提供を受ける場合、本人確認の措置として、個人番号カードの提示を受けただけでは足りず、運転免許証等の本人の身元確認書類の提示も必要となる。

★ Q334 □□【過去】

個人番号利用事務等実施者が、本人から個人番号の提供を受ける場合、個人番号の提供を行う者と雇用関係にあること等の事情を勘案し、人違いでないことが明らかであると個人番号利用事務実施者が認めるときであっても、「本人の身元確認」は必要となる。

A 330 □□ ○

講演料、地代等に係る個人の支払先など取引先に対する支払調書作成事務は、個人番号利用事務等に該当するため、個人番号の提供を求めることができる。

A 331 □□ ×

番号法上、個人番号の提供の求めにつき制限を受ける主体は「何人も」と規定されており（法15条）、個人番号利用事務等実施者に限られない。

A 332 □□ ○

法15条でいう他人とは、自己と同一の世帯に属する者以外の者をいうとされており、親子間など自己と同一の世帯に属する者に対する個人番号の提供の求めは制限されない。

A 333 □□ ×

個人番号利用事務等実施者は、本人から個人番号の提供を受けるときは、本人確認の措置をとらなければならない。本人確認の措置には、個人番号カードの提示を受けることも含まれるため（法16条）、重ねて運転免許証等の身元確認書類の提示は不要である。

A 334 □□ ×

個人番号利用事務等実施者は、本人から個人番号の提供を受ける場合であって、その者と雇用関係にあることその他の事情を勘案し、その者が個人識別事項により識別される特定の個人と同一の者であることが明らかであると個人番号利用事務実施者が認める場合、身元確認書類の提示を受けることを要しない（規則２条６項）。

★★
Q 335 □□【予想】

個人番号利用事務等実施者が、本人から対面で個人番号の提供を受ける場合、写真表示のない身元確認書類（例えば、児童扶養手当証書）の1種類のみの提示を受けただけでは、「本人の身元確認」をすることはできない。

★
Q 336 □□【過去】

事業者が雇用関係にある従業員の扶養親族（配偶者など）の個人番号の提供を受ける際において、扶養控除等申告書の提出を、その者を扶養する従業員が事業者に対してする場合、事業者への提出義務者は「従業員」であるから、事業者は扶養親族の本人確認の措置を実施する必要はない。

★★
Q 337 □□【予想】

本人の法定代理人（本人が未成年者である場合の親など）から、個人番号利用事務等実施者が対面で個人番号の提供を受ける場合、戸籍謄本、本人の個人番号カードの写し、代理人のパスポートの提示により、本人確認の措置が可能である。

A 335 □□

本人確認の措置（法16条）に必要な身元確認書類が写真表示のないものである場合、２種類以上の書類の提示を受ける必要がある（規則１条２号、２条３項）。 ○

A 336 □□

扶養控除等申告書の事業者への提出義務者は従業員であり（所得税法194条１項）、事業者は、扶養親族から個人番号の提供を受けるわけではないため、扶養親族について法16条の本人確認の措置をとる必要はない。 ○

A 337 □□

代理人から対面で個人番号の提供を受ける場合の法16条の本人確認の措置については、①代理権の確認、②代理人の身元の確認、および③本人の番号の確認が必要である（令12条２項）。本問では、個人番号を提供するのが法定代理人であるため、①は戸籍謄本（規則６条１項１号）、②は代理人のパスポート、③は本人の個人番号カードの写しの提示により、本人確認の措置が可能である。 ○

POINTマスター

個人番号にかかわる規制

22 個人番号とすべき番号の生成（法8条2項）

地方公共団体情報システム機構は、法8条1項の規定により市町村長から個人番号とすべき番号の生成を求められたときは、政令で定めるところにより、法8条3項の規定により設置される電子情報処理組織を使用して、次に掲げる要件に該当する番号を生成し、速やかに、当該市町村長に対し、通知する

①他のいずれの個人番号（法7条2項の従前の個人番号を含む）とも異なること

②法8条1項の住民票コードを変換して得られるものであること

③②の住民票コードを復元することのできる規則性を備えるものでないこと

23 個人番号の利用範囲

原則	①個人番号利用事務（法別表第1に規定されているもの。法9条1項）
	②個人番号利用事務（条例で定めるもの。法9条2項）
	③個人番号利用事務（法務大臣。法9条3項）
	④個人番号関係事務（法9条4項）
	⑤法19条13号から17号までのいずれかに該当して特定個人情報の提供を受けた者が、その提供を受けた目的を達成するために必要な限度で個人番号を利用するもの（法9条6項）
例外	①金融機関等が、激甚災害が発生したときその他これに準ずる場合として政令で定めるとき、デジタル庁令で定めるところにより、あらかじめ締結した契約に基づく金銭の支払いを行うために必要な限度で個人番号を利用するもの（法9条5項）
	②人の生命、身体または財産の保護のために必要がある場合であって、本人の同意があり、または本人の同意を得ることが困難であるとき（法30条2項、個人情報保護法18条3項2号）

24 個人番号利用事務等の委託に関する規制

再委託	個人番号利用事務等の全部または一部の委託を受けた者は、当該個人番号利用事務等の委託をした者の許諾を得た場合に限り、その全部または一部の再委託をすることができる（法10条1項）
監督	個人番号利用事務等の全部または一部の委託をする者は、当該委託に係る個人番号利用事務等において取り扱う特定個人情報の安全管理が図られるよう、当該委託を受けた者に対する必要かつ適切な監督を行わなければならない（法11条）

25 本人確認の措置（法16条、令12条、規則1条～11条）

本人から個人番号の提供を受ける場合	①個人番号カードの提示を受ける場合 →個人番号カード
	②上記以外の場合 ・書類の提示を受ける場合等 →番号確認書類（個人番号が記載された住民票の写し等）＋本人の身元確認書類（運転免許証等） ・電子情報処理組織を使用して個人番号の提供を受ける場合 →個人番号カードのICチップの読み取り、電子署名等の送信等
本人の代理人から個人番号の提供を受ける場合	①書類の提示を受ける場合等 →代理権確認書類（戸籍謄本、委任状等） ＋代理人の身元確認書類 （代理人の個人番号カード、運転免許証等） ＋本人の番号確認書類（本人の個人番号カード等）
	②電子情報処理組織を使用して個人番号の提供を受ける場合 →代理権証明情報および代理人の電子署名等の送信等

番号法の理解③

特定個人情報にかかわる規制

1 特定個人情報の提供の制限

★★
Q338 □□【過去】

何人も、原則として、特定個人情報を提供することは禁止されるが、自己を本人とする特定個人情報を提供することは、禁止されていない。

★
Q339 □□【過去】

営業部に所属する従業員の特定個人情報が、営業部庶務課を通じ、給与所得の源泉徴収票を作成する目的で経理部に提出された場合には、特定個人情報の「提供」には当たらず、「利用」に当たる。

Q340 □□【過去】

特定個人情報の提供制限の規定に違反する行為については、個人情報保護委員会による勧告の対象となる。勧告に従わなかった場合には命令の対象となるが、勧告がなされていない場合には、個人情報保護委員会による命令の対象にはなり得ない。

個人番号により対象者が特定された情報を提供できる場合について整理し、理解するようにしましょう。

A 338 □□ 何人も、法19条各号のいずれかに該当する場合を除き、特定個人情報の提供をしてはならない（法19条）。自己を本人とする特定個人情報の提供は、いずれにも該当せず、禁止されている。 ×

A 339 □□ 「提供」とは、法的な人格を超える特定個人情報の移動を意味するものとされる。本問では、特定個人情報が企業の内部で移動しているため、特定個人情報の提供に当たらず、「利用」に当たる。 ○

A 340 □□ 個人情報保護委員会は、特定個人情報の取扱いに関して法令の規定に違反する行為が行われた場合において、個人の重大な権利利益を害する事実があるため緊急に措置をとる必要があると認めるときは、当該違反行為をした者に対し、勧告をすることなく、期限を定めて、当該違反行為の中止その他違反を是正するために必要な措置をとるべき旨を命ずることができる（法34条３項）。 ×

2 特定個人情報の収集等の制限

Q341 □□【過去】

何人も、原則として、特定個人情報を収集・保管することは禁止されているが、個人番号の1、2、3…を、a、b、c…と読み替えるという規則に従って個人番号を別の数字、記号又は符号に置き換えて収集・保管することは、禁止されていない。

Q342 □□【過去】

個人番号は、番号法で限定的に明記された事務を処理するために収集又は保管されるものであるから、それらの事務を行う必要がある場合に限り特定個人情報を保管し続けることができる。

A 341 □□

本問の個人番号を置き換えたものも特定個人情報に該当するため、その収集・保管は、原則として、禁止される（法20条）。 ×

A 342 □□

法19号各号で限定的に明記された事務を行う必要がある場合に限り、特定個人情報を保管し続けることができる。 ○

POINTマスター

特定個人情報にかかわる規制

26 特定個人情報の取扱いに関する規制

取得	①何人も、法19条各号のいずれかに該当して特定個人情報の提供を受けることができる場合を除き、他人（自己と同一の世帯に属する者以外の者をいう）に対し、個人番号の提供を求めてはならない（法15条）
取得	②個人番号利用事務等実施者は、法14条１項の規定により本人から個人番号の提供を受けるときは、当該提供をする者から個人番号カードの提示を受けることその他その者が本人であることを確認するための措置として政令で定める措置をとらなければならない（法16条）
収集・保管	何人も、法19条各号のいずれかに該当する場合を除き、特定個人情報（他人の個人番号を含むものに限る）を収集し、または保管してはならない（法20条）

27 特定個人情報の提供の制限（民間事業者がかかわる主な項目を抜粋）

1．何人も、原則として、特定個人情報の提供をしてはならない（法19条）

<提供することができる場合（抜粋）>

①個人番号関係事務実施者が個人番号関係事務を処理するために必要な限度で特定個人情報を提供するとき（法19条12号に規定する場合を除く）（2号）

例 事業者が従業員の個人番号を記載した源泉徴収票を税務署に提出する場合

②本人またはその代理人が個人番号利用事務等実施者に対し、当該本人の個人番号を含む特定個人情報を提供するとき（3号） 例　従業員が自ら給与の源泉徴収事務、健康保険・厚生年金保険届出事務等のため、自己の個人番号を記載した書類を個人番号関係事務実施者である事業者に提出する場合 ③特定個人情報の取扱いの全部もしくは一部の委託または合併その他の事由による事業の承継に伴い特定個人情報を提供するとき（6号） 例　事業者が源泉徴収票作成事務を含む給与事務の処理を子会社に委託し、当該事業者が従業員の個人番号を含む給与情報（特定個人情報）を子会社に提供する場合 ④法35条（報告および立入検査）1項の規定により求められた特定個人情報を個人情報保護委員会に提供するとき（13号） ⑤各議院もしくは各議院の委員会もしくは参議院の調査会が国会法もしくは議院における証人の宣誓および証言等に関する法律の規定により行う審査もしくは調査、訴訟手続その他の裁判所における手続、裁判の執行、刑事事件の捜査、租税に関する法律の規定に基づく犯則事件の調査または会計検査院の検査（各議院審査等）が行われるとき、その他政令で定める公益上の必要があるとき（15号） ⑥人の生命、身体または財産の保護のために必要がある場合において、本人の同意があり、または本人の同意を得ることが困難であるとき（16号） 例　事故で意識不明の状態にある者に対する緊急の治療を行うにあたり、個人番号でその者を特定するために個人番号カードを提供する場合 ⑦その他法19条各号に準ずるものとして個人情報保護委員会規則で定めるとき（17号）
2．個人情報保護法上の個人情報取扱事業者が保有する特定個人情報（法23条1項および2項に規定する記録に記録されたものを除く）に関しては、個人情報保護法27条の規定は適用されず（法30条2項）、本人の同意を得ても、第三者に提供することはできない

番号法の理解④

その他の規定

1 情報提供ネットワークシステム

★ Q343 □□【過去】

個人情報保護委員会が、情報提供ネットワークシステムを設置し、及び管理するものとされている。

Q344 □□【過去】

情報提供ネットワークシステムによる情報提供ができる範囲は、法律上、限定列挙されている。

2 特定個人情報の保護

★ Q345 □□【予想】

個人番号利用事務等実施者その他個人番号利用事務等に従事する者は、あらかじめ本人の同意を得ていれば、個人番号利用事務等を処理するために必要な範囲を超えて特定個人情報ファイルを作成することができる。

Q346 □□【予想】

個人番号利用事務等実施者その他個人番号利用事務等に従事する者は、人の生命、身体または財産の保護のために必要がある場合において、本人の同意があり、または本人の同意を得ることが困難であるときは、個人番号利用事務等を処理するために必要な範囲を超えて特定個人情報ファイルを作成することができる。

情報提供ネットワークシステム、特定個人情報の保護、法人番号、罰則を中心に学習しましょう。

A 343 □□ 番号法上、内閣総理大臣が、個人情報保護委員会と協議して、情報提供ネットワークシステムを設置し、および管理するものとされている（法21条1項）。 ×

A 344 □□ 番号法上、情報提供ネットワークシステムによる情報提供ができる範囲は、限定列挙されている（法19条8号、9号、21条2項1号、別表第2）。 ○

A 345 □□ 番号法上、あらかじめ本人の同意を得ているか否かにかかわらず、個人番号利用事務等実施者その他個人番号利用事務等に従事する者は、一定の場合を除き、個人番号利用事務等を処理するために必要な範囲を超えて特定個人情報ファイルを作成してはならない（法29条）。 ×

A 346 □□ 本問の「人の生命、身体または財産の保護のために必要がある場合において、本人の同意があり、または本人の同意を得ることが困難であるとき」は、法19条16号に該当するため、個人番号利用事務等を処理するために必要な範囲を超えて特定個人情報ファイルを作成することができる。 ○

3 法人番号

Q 347 □□ 【過去】

法人番号の指定を行うのは、法人の登記簿上の所在地市町村長である。

★

Q 348 □□ 【過去】

人格のない社団等であっても、一定のものについては、国税庁長官に届け出ることによって法人番号の指定を受けることができる。

4 罰則

Q 349 □□ 【予想】

番号法の規定による個人情報保護委員会の勧告を受けた者が、正当な理由がなくてその勧告に係る措置をとらなかったときは、２年以下の懲役または50万円以下の罰金に処せられる。

★

Q 350 □□ 【過去】

番号法違反の行為が日本国外において行われた場合であっても処罰する必要性があるものについて、番号法は国外犯処罰の規定を設けている。

A 347 □□ 番号法上、国税庁長官が、法人等に対し、法人番号を指定し、これを当該法人等に通知する（法39条1項）。 ×

A 348 □□ 番号法上、法人等以外の法人または人格のない社団等であっても、政令で定めるところにより、法人番号の指定を受けることができる場合がある（法39条2項）。 ○

A 349 □□ 法34条1項の勧告に係る措置が正当な理由がなくとられない場合、このことのみをもって罰則を科すことはできない（法53条参照）。 ×

A 350 □□ 番号法上、法48条から52条の3までの規定は、日本国外においてこれらの条の罪を犯した者にも適用される（法56条）。 ○

POINTマスター

その他の規定

28 特定個人情報ファイルの作成の制限

個人番号利用事務等実施者その他個人番号利用事務等に従事する者は、次の①または②の場合に限り、特定個人情報ファイルを作成することができる（法29条）

① 個人番号利用事務等を処理するために必要な範囲を超えない場合

② 次のいずれかに該当して特定個人情報を提供し、またはその提供を受けることができる場合

- 個人情報保護委員会からの求めに応じて提供する場合
- 地方公共団体情報システム機構が総務大臣からの求めに応じて提供する場合
- 公益上の必要に基づき提供する場合
- 人の生命、身体または財産の保護のために提供する場合
- 個人情報保護委員会規則の定めに基づき提供する場合

29 番号法における罰則

禁止行為の態様	番号法における罰則			個人情報保護法の類似規定
	懲役	罰金	併科	
個人番号利用事務等に従事する者または従事していた者が、正当な理由がないのに、特定個人情報ファイルを提供したとき（法48条）	4年以下	200万円以下	あり	なし
個人番号利用事務等に従事する者または従事していた者が、その業務に関して知り得た個人番号を自己もしくは第三者の不正な利益を図る目的で提供し、または盗用したとき（法49条）	3年以下	150万円以下	あり	1年以下の懲役または50万円以下の罰金（個人情報保護法179条）

禁止行為の態様	番号法における罰則			個人情報保護法の類似規定
	懲役	罰金	併科	
情報提供等事務または情報提供ネットワークシステムの運営に関する事務に従事する者または従事していた者が、法25条（法26条において準用する場合を含む）の規定に違反して秘密を漏らし、または盗用したとき（法50条）	3年以下	150万円以下	あり	なし
人を欺き、人に暴行を加え、人を脅迫する行為により、または、財物の窃取、施設への侵入、不正アクセス行為等により個人番号を取得したとき（法51条1項）	3年以下	150万円以下	なし	なし
国の機関、地方公共団体の機関、地方公共団体情報システム機構の職員等が、職権を濫用して、専らその職務の用以外の用に供する目的で個人の秘密に属する特定個人情報が記録された文書等を収集したとき（法52条）	2年以下	100万円以下	なし	1年以下の懲役または50万円以下の罰金（個人情報保護法181条）
法34条2項または3項の規定による個人情報保護委員会の命令に違反したとき（法53条）	2年以下	50万円以下	なし	1年以下の懲役または100万円以下の罰金（個人情報保護法178条）
法35条1項の規定による個人情報保護委員会への報告もしくは資料の提出をせず、もしくは虚偽の報告をし、もしくは虚偽の資料を提出し、または職員の質問に対して答弁をせず、もしくは虚偽の答弁をし、もしくは検査を拒み、妨げ、もしくは忌避したとき（法54条）	1年以下	50万円以下	なし	50万円以下の罰金（個人情報保護法182条）
偽りその他不正の手段により個人番号カードの交付を受けたとき（法55条）	6か月以下	50万円以下	なし	なし

対策 脅威と対策

1 個人情報保護の対策

★ Q351 □□【予想】

個人情報保護法では、個人情報取扱事業者に対し、個人情報の適切かつ安全な管理について、情報セキュリティ対策を義務づけている。

★ Q352 □□【予想】

個人情報保護の対策に関し、プライバシー問題を経営戦略としてとらえ、経営者が積極的にコミットメントすることで企業価値向上へつなげるプライバシーガバナンスが注目されている。

Q353 □□【予想】

適切な個人情報保護管理体制を構築するために、事業者は、各部署単位で、独自の個人情報保護に関するマネジメントシステムを構築し、かつPDCAサイクルを運用することが必要である。

Q354 □□【予想】

個人情報保護のための管理体制を構築するに当たっては、情報の重要性を踏まえるよりも、まずはファイアーウォールや暗号化ツールを導入するなどにより、現場を優先した対策を講じることが重要である。

脅威と対策については、多数の専門用語が出てきます。個人情報保護の対策を学習するにあたり、初めにこれらをしっかり整理しておきましょう。

A 351 □□

個人情報保護法では、個人情報取扱事業者に対し、個人情報の適切かつ安全な管理について、情報セキュリティ対策を義務づけているといえる。 ○

A 352 □□

プライバシー問題を経営戦略としてとらえ、経営者が積極的にコミットメントすることで企業価値向上へつなげるプライバシーガバナンスが注目されており、「DX時代における企業のプライバシーガバナンスガイドブック」（経済産業省・総務省）が公表されている。 ○

A 353 □□

適切な個人情報保護管理体制を構築するためには、体系的で全経営活動に統合された個人情報保護に関するマネジメントシステムを構築し、PDCA（Plan-Do-Check-Action）サイクルを運用することが必要である。 ×

A 354 □□

個人情報保護のための管理体制を構築するに当たっては、情報の重要性を踏まえずに、ファイアーウォールや暗号化ツールを導入するなど、現場を優先した場当たり的な対策に終始しないことが重要である。 ×

Q355 □□【予想】

個人情報保護対策の流れに関し、経営者は、まず、個人情報台帳を文書化し、従業者に周知させるとともに、一般の人が入手できるよう、Webサイトや会社案内などで公表するところからスタートすべきである。

Q356 ★★ □□【予想】

個人情報管理体制を構築するに当たっては、保有する個人情報の重要度、漏えいした場合に想定されるリスクや損失の大きさと、費用対効果を勘案したうえで、個人情報の適切な管理体制を構築することが重要である。

Q357 □□【予想】

マネジメントサイクルの規格に関し、JIS Q 15001は、リスクマネジメントに関する指針であり、個人情報保護のリスクマネジメントシステムを構築、運用するうえで参考にすべき規格である。

Q358 ★★ □□【予想】

マネジメントサイクルの規格に関し、JIS Q 31000は、個人情報保護の安全管理対策と親和性の高いマネジメントシステムとされ、ここでは、情報セキュリティは、機密性、完全性、可用性を維持することであると定義している。

A355 □□ ×

経営者は、まず、内部向け個人情報保護方針を文書化し、従業員に周知するとともに、外部向け個人情報保護方針を作成し、ウェブサイトや会社案内などで公表することにより、個人情報マネジメントシステムの構築・維持・改善にリーダーシップを発揮することを示すことが重要である。

A356 □□ ○

個人情報保護のための管理体制を構築し、実際に対策を実施・運用する前提として、個人情報の漏えいが発生した場合のリスクを明確にする必要がある。保有する個人情報の重要度、漏えいした場合に想定されるリスクや損失の大きさと、費用対効果を勘案したうえで、適切な管理体制を構築しなければならない。

A357 □□ ×

本問は、JIS Q 31000に関する説明である。JIS Q 15001は、「個人情報保護マネジメントシステム-要求事項」であり、個人情報保護に関するマネジメントシステムを構築・運用するうえで最初に参照すべき規格である。

A358 □□ ×

本問は、JIS Q 31000ではなく、ISMS（情報セキュリティマネジメントシステム）に関する説明である。JIS Q 31000は、リスクマネジメントに関する規格である。

★
Q359 □□【過去】
情報セキュリティの３つの要素である、機密性・完全性・可用性に関し、完全性とは、認可された利用者だけがアクセスでき、情報が外部に漏えいしないことをいう。

★★
Q360 □□【予想】
情報セキュリティマネジメントシステム（ISMS）においては、組織が保護すべき情報資産について、機密性、完全性、可用性をバランスよく、維持し改善する必要があるとしている。

★
Q361 □□【過去】
情報セキュリティの定義における「機密性」とは、アクセス権のある人が必要な情報を使用している際、他の人がその情報にアクセスすることを抑止する制御のことをいう。

Q362 □□【予想】
個人情報保護方針には、利用目的の特定や適正な取得、利用の制限といった個人情報保護特有の項目を含むため、一般に情報セキュリティ基本方針に含めて作成される。

★
Q363 □□【過去】
情報セキュリティ対策の流れは、個人情報保護対策の流れと根本的に異なる。情報セキュリティ対策は、個人情報保護対策の一環であるが、完全に独立したものとして重要視する。

A 359 □□

ISMS（情報セキュリティマネジメントシステム）において、完全性とは、情報や処理方法が正確であること、さらに情報の取扱いが手順化されていて、それらが守られていることをいう。本問は、機密性に関する説明である。 ×

A 360 □□

機密性とは、アクセスを認可された者だけが情報に確実にアクセスしうること、完全性とは、情報や処理方法が正確・完全であることを保証すること、可用性とは、認可された利用者が必要なときに、情報や関連する資産に確実にアクセスできることをいう。 ○

A 361 □□

情報セキュリティの定義における「機密性」とは、アクセスを認可された利用者だけが情報に確実にアクセスでき、情報が外部に漏えいしないことをいう。 ×

A 362 □□

個人情報保護方針には、利用目的の特定や適正な取得、利用の制限といった個人情報保護特有の項目を含むため、情報セキュリティ基本方針とは別個に作成されるのが一般的である。 ×

A 363 □□

情報セキュリティ対策の流れは、個人情報保護対策の流れと基本的に同じである。また、個人情報保護対策は、情報セキュリティ対策の一環であり、その１つの側面とみることができる。 ×

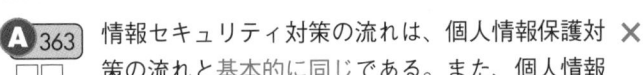

Q364 □□【予想】

情報セキュリティ基本方針とは、組織が保有する個人情報を含むすべての情報資産を安全に管理するための、組織の方針を文書化したものであり、情報セキュリティ基本方針および各種規程を策定するには、情報セキュリティ対策推進会議の「情報セキュリティポリシーに関するガイドライン」などが参考になる。

2 リスクマネジメント

★ Q365 □□【過去】

リスクマネジメントの手法として、リスクの大きさを評価するには、発生した場合の損害規模と予想されるぜい弱性から評価する方法や、情報資産の重要性と脅威に対する発生頻度から評価する方法などがある。

★★ Q366 □□【過去】

リスクマネジメントに関し、発生した事象により、利益または損失の影響をもたらすものを純粋リスクと呼び、安全面にマイナスの影響を与えるものを投機リスクという。

Q367 □□【予想】

リスクは、一般的に「危険」と訳され、災害など不測の事態によって発生する損害の可能性を指す。その一方で、リスクには、利益をもたらす側面もある。

郵 便 は が き

料金受取人払郵便

新宿北局承認

2693

差出有効期間
2024年11月
30日まで

切手を貼らずにこのままポストへお入れください。

169-8734

(受取人)
東京都新宿北郵便局
郵便私書箱第2007号
(東京都渋谷区代々木1－11－1)

U-CAN 学び出版部

愛読者係　行

愛読者カード

ユーキャンの個人情報保護士 これだけ！一問一答集 第3版

ご購読ありがとうございます。読者の皆さまのご意見、ご要望等を今後の企画・編集の参考にしたいと考えております。お手数ですが、下記の質問にお答えいただきますようお願いします。

1．本書を何でお知りになりましたか？
a.書店で　b.インターネットで　c.知人・友人から
d.新聞広告（新聞名：　　　）　e.雑誌広告（雑誌名：　　　）
f.書店内ポスターで　g.その他（　　　）

2．多くの類書の中から本書を購入された理由は何ですか？
（　　　　　　）

うら面へ続きます

3．本書の内容について

①わかりやすさ　(a.良い　b.ふつう　c.悪い)
②内容のレベル　(a.高い　b.ちょうど良い　c.やさしい)
③誌面の見やすさ　(a.良い　b.ふつう　c.悪い)
④価格　(a.安い　b.ふつう　c.高い)
⑤役立ち度　(a.高い　b.ふつう　c.低い)
⑥本書の内容で良かったこと、悪かったことをお書きください。
(　　　　　　　　　　　　　　　　　　)

4．個人情報保護士認定試験について

①勉強を始めたのはいつですか？（　　　　年　　月ごろ）
②受験経験はありますか？　(a.無い　b.1回　c.2回以上)
③今までの学習方法は？　(a.市販本　b.通信教育　c.学校等)

5．通信講座の案内資料を無料でお送りします。ご希望の講座の欄に○印をおつけください（お好きな講座［2つまで］をお選びください）。

	司法書士	OT		ファイナンシャルプランナー	6F
	社会保険労務士	OE		簿記３級	OA
	宅建取引士	OJ		行政書士	OS

住所	〒□□□-□□□□　都道府県　市郡（区）		
	アパート、マンション等、名称、部屋番号もお書きください　（　　様方）		
氏名	フリガナ	電話	市外局番　市内局番（　）番号
		年齢	歳　(男)・(女)

Q900RŌ**01

お客様の個人情報は、当社の教材・商品の発送やサービスの提供、当社および当社が適切と認めた企業・団体等の商品・サービスに関する当社からの案内等の送付、ご連絡・お問合せ対応、アンケート・モニター・体験談・取材やレビュー等の依頼、教材・商品・サービス・当社のウェブサイト等の改善や開発、調査・分析・統計など当社事業に関連するマーケティング・研究資料の作成、学習・受験状況や成績の管理、お支払情報等の管理に利用します。その他個人情報の取扱いについては、当社ウェブサイトをご確認ください。

A 364 □□

情報セキュリティ対策は、一般に、①情報セキュリティ基本方針の策定、②リスク分析・評価・対策の検討、③情報セキュリティ対策基準の策定、④情報セキュリティ対策の実施・運用、⑤監査・見直し、という流れで実施される。つまり、情報セキュリティ基本方針は、初めに策定すべきものである。 ○

A 365 □□

リスクマネジメントの手法には様々なものがある。たとえば、発生した場合の損害規模と予想される「発生頻度」から評価する方法、情報資産の重要性と脅威に対する「ぜい弱性」から評価する方法などがある。 ×

A 366 □□

リスクとは、災害等の不測の事態によって発生する損害の可能性を指す。発生した事象により、利益または損失の影響をもたらすものを投機リスク、安全面にマイナスの影響を与えるものを純粋リスクという。情報セキュリティが対象とするのは、主に純粋リスクである。 ×

A 367 □□

リスクは一般的に「危険」と訳され、災害など不測の事態によって発生する損害の可能性を指す。しかし、リスクは「不確実」であることを指し、プラスの影響が出た場合に利益をもたらす側面もある。リスクの状況は組織内部・外部の諸要因の変化により常に変化するため、定期的にリスク分析・評価を実施する必要がある。 ○

Q 368 □□【予想】

リスクマネジメントは、リスクアセスメント、リスクの受容、リスク対応およびリスクコミュニケーションを含んだ活動である。

★
Q 369 □□【予想】

MICTSにおけるリスク分析の手法に関し、「組織内の個々の情報資産に対して、資産価値や管理体制を調査し、それをもとに脅威やぜい弱性、セキュリティ要件などを識別し、リスクを評価する。メリットとしては、リスクの内容をくまなく把握できるため、その対策が立てやすい。一方、デメリットとしては、多くの時間と労力を要し、担当者の知識と経験も必要となる。」と説明されるのは、ベースラインアプローチである。

★
Q 370 □□【予想】

MICTSにおけるリスク分析の手法に関し、「個人の知識や経験をベースに、体系化されていない方法で分析を行う手法のことである。この手法を行うメリットとしては、最も簡単に実施でき、担当者の能力が高ければ短期間で高品質な分析が可能となることである。一方、デメリットとしては、客観性や網羅性の観点で不安があり、分析結果の品質は、担当者の能力に依存することである。」と説明されるのは、組合せアプローチである。

★★
Q 371 □□【過去】

情報セキュリティリスクの要素として、リスクとは、脅威によって影響を受け得る資産または資産グループの弱点のことをいう。

A 368 □□

リスクマネジメントは、リスクアセスメント、リスクの受容、リスク対応およびリスクコミュニケーションを含んだ活動で、PDCAマネジメントサイクルを構築・運用し、継続的改善を図る組織の取り組みである。 ○

A 369 □□

本問は、MICTS（Management of ICT Security）におけるリスク分析の手法のうち、詳細リスク分析に関する説明である。MICTSにおけるリスク分析の手法に関し、ベースラインアプローチとは、個々の情報資産について脅威、ぜい弱性を識別して分析を行う手法ではなく、特定の実践規範のレベルとのギャップを分析する手法である。 ×

A 370 □□

本問は、MICTSにおけるリスク分析の手法のうち、非形式（非公式）アプローチに関する説明である。MICTSにおけるリスク分析の手法に関し、組合せアプローチとは、重要な情報資産については詳細リスク分析を適用し、それ以外の情報資産にはベースラインアプローチを適用するという手法である。 ×

A 371 □□

リスクとは、ある脅威が、資産または資産グループのぜい弱性を利用して、資産への損失、または損害を与える可能性のことをいう。本問はぜい弱性に関する説明である。 ×

★★
Q 372 □□【過去】

情報資産とは、物理的資産を除いた情報システムに関連付けられるデータやソフトウェア資産などをいう。

Q 373 □□【過去】

情報資産の洗い出しにおいて、組織の情報資産の保有状況を調査・確認し、資産目録を作成する。ただし、情報資産の管理者を特定する必要はない。

★★
Q 374 □□【過去】

脅威の洗い出しにおいて、脅威は、おおまかに人為的なものと、環境的なものに分類される。ただし、脅威を分類する上で、人為的な脅威を意図的なものと偶発的なものに分類する必要はない。

Q 375 □□【予想】

MICTSの分類により、脅威を、意図的脅威、偶発的脅威、環境的脅威に分類した場合、地震によるサービス停止は偶発的脅威に属する。

Q 376 □□【過去】

ぜい弱性の洗い出しにおいて、ぜい弱性には、管理体制やソフトウェアのセキュリティホールなどがあるが、これらは発生の可能性がある脅威と関連付けて整理することが望ましい。

Q 377 □□【予想】

リスク分析および評価の流れにおいて、特定の脅威を誘引する可能性がないぜい弱性についても、必ずリスク評価の対象とすべきである。

A 372 □□
情報資産とは、情報システムに関連付けられる資産のことであり、データやソフトウェア資産のほか、物理的資産も含まれる。 ×

A 373 □□
情報資産の洗い出しにおいては、組織の情報資産の保有状況を調査・確認し、資産目録を作成する。その際、情報資産の管理者を特定する必要がある。 ×

A 374 □□
脅威は、おおまかに人為的なものと、環境的なものに分類され、人為的な脅威は意図的なものと偶発的なものに分類される。脅威を分類することは、どのような対策が有効であるかを考えるうえで有用である。 ×

A 375 □□
MICTSの分類により、脅威を、意図的脅威、偶発的脅威、環境的脅威に分類した場合、地震によるサービス停止は環境的脅威に属する。 ×

A 376 □□
ぜい弱性には、管理体制やソフトウェアのセキュリティホールなどがあるが、これらの整理は、発生の可能性がある脅威と関連付けて行うことが望ましいとされている。 ○

A 377 □□
リスク分析および評価の流れにおいて、ぜい弱性は、発生の可能性がある脅威と関連付けて整理されるものである。特定の脅威を誘引する可能性がないぜい弱性については、必ずしもリスク評価の対象とする必要はない。 ×

★
Q378 □□【予想】
情報セキュリティリスクの算出方法は、「リスクの大きさ＝被害の大きさ×脅威×ぜい弱性」で表すことができる。

★★
Q379 □□【過去】
リスク評価の方法のうち、定量的評価とは、リスクの大きさを金額で算出する手法である。この手法は、基準値の設定や評価結果の妥当性の検証が容易であるが、評価結果がわかりにくいという特徴がある。

Q380 □□【過去】
定性的評価には、リスクの大きさを高・中・低や5段階評価といった表現を用いる方式がある。この方法は、ISO/IEC 27005で紹介されており、ISMSでも推奨されている。

★
Q381 □□【過去】
リスク評価の方法のうち、定性的評価では、リスク値を求める場合、定性化されたリスク因子を加算する方法や乗算する方法等、さまざまな手法がある。

★★
Q382 □□【過去】
リスクを捉える際には、その大きさを定量的に測る方法と定性的に把握する方法があり、現実的には定性的に捉えることは多くの場合困難であり、定量的に把握することが多い。

★
Q383 □□【過去】
郵便物紛失の発生率を0.1%とし、1件当たりの被害金額は、個人情報の再作成費用に100円、お詫び状の作成に100円、謝罪用の商品券に500円とし、その他の被害金額は考慮しないものとする。この場合において、個人情報10,000件を普通郵便で送付するときの被害想定金額は、700円である。

A 378 □□ ×

情報セキュリティリスクの算出方法は一般的に、

・リスクの大きさ＝被害の大きさ×発生確率

・リスクの大きさ＝情報資産×脅威×ぜい弱性

のいずれかで表すことができる。

A 379 □□ ×

定量的評価は、リスクの大きさを金額で算出する手法である。この手法は、評価結果がわかりやすいが、基準値の設定や評価結果の妥当性の検証が困難であるという特徴がある。

A 380 □□ ○

定性的評価には、リスクの大きさを高・中・低や５段階評価といった表現を用いる方式があり、この方式は、ISO/IEC 27005で紹介され、ISMSにおいても推奨されている。

A 381 □□ ○

リスク評価では、実際には定性的評価が使われる場合が多いが、定量的評価を限定的に採用して定性的評価と組み合わせる場合もある。

A 382 □□ ×

リスクをとらえる際には、その大きさを定量的に測る方法と定性的に把握する方法がある。現実的には定量的にとらえることは多くの場合困難であり、したがって、定性的に把握することが多い。

A 383 □□ ×

被害想定金額の算出は、以下による。

被害想定金額＝個人情報の件数×郵便物紛失の発生率×(個人情報の再作成費用＋お詫び状の作成費用＋謝罪用の商品券)

本問では、10,000件×0.1%×(100円＋100円＋500円)＝7,000円である。

Q384 □□【予想】
ALEとは、米国の米国立標準技術院が開発したもので、年間予想損失額を算出する定量的評価手法である。ALEは、ｆ(損失が発生する予想頻度)×ｉ（1回あたりの予想損失額）で算出する。

Q385 □□【過去】
セキュリティ対策として、パスワードの作成規則を定める、パスワードを定期的に変更する、実際に管理者がパスワードを解読しようと試みるなどの方法でパスワードの管理を徹底するといった方法がとられることがあるが、これは、リスク対応の種類としては、リスクの移転に該当する。

★
Q386 □□【過去】
リスクファイナンスには、積立金や準備金などの名目で必要な費用を内部留保で確保する方法と、保険を利用することにより、損失を外部に負担してもらうなどの方法がある。

★★
Q387 □□【過去】
リスクコミュニケーションとは、リスク対応を実施するコスト及び関連するコストに見合う資金供給の用意をすることである。

★
Q388 □□【予想】
リスクの発生率は高くないが、発生時の損失が大きい場合には、リスクファイナンスとして保険を利用することが有効である。

★★
Q389 □□【過去】
リスク対応した後に残っているリスクを残存リスクといい、残存リスクは、リスク評価の過程で設定したリスクの許容水準以下に抑える必要がある。

A 384 □□ ALE（Annual Loss Exposure）は、定量的評価手法の1つである。リスク評価手法には、ALEのほか、JNSA損害額算出モデルなどがある。 ○

A 385 □□ リスク対応の種類には、リスクの移転、リスクの回避、リスクの軽減（低減、最適化）、リスクの保有がある。本問のリスク対応は、リスクの移転ではなく、リスクの軽減に当たる。 ×

A 386 □□ リスクファイナンスとは、リスク対応を実施するコストおよび関連するコストに見合う資金供給の用意をすることである。リスクファイナンスには、本問のように、さまざまな方法がある。 ○

A 387 □□ 本問は、リスクファイナンスに関する説明である。リスクコミュニケーションとは、意思決定者と他のステークホルダーの間における、リスクに関する情報の交換または共有のことである。 ×

A 388 □□ リスクの発生率は高くないが、発生時の損失が大きい場合には、リスクファイナンスとして、損失を外部に負担してもらう方法である保険の利用が有効である。 ○

A 389 □□ 残存リスクとは、リスク対応した後に残っているリスクをいい、リスク評価の過程で設定したリスクの許容水準以下に抑える必要がある。 ○

★

Q 390 □□ 【過去】

リスク対応をした後の残存リスクについては、現実にリスクが発生したときに必要な費用を負担することのないように、リスクを回避する必要がある。

Q 391 □□ 【過去】

リスクの許容水準の設定及び残存リスクの承認は、経営者の判断において行うべきであり、現場担当者の判断によるべきではない。

Q 392 □□ 【過去】

組織内部・外部の諸要因の変化によりリスクの状況は常に変動するため、残存リスクの変動状況についても定期的に調査・検討する必要があるが、許容水準自体は見直すべきではない。

3 脅威およびぜい弱性への認識

Q 393 □□ 【予想】

脅威を、技術的脅威、人的脅威、物理的脅威に分類した場合、不正アクセス・ウイルスなどは技術的脅威に、紛失・不正行為は人的脅威に、火災は物理的脅威に該当する。

Q 394 □□ 【過去】

STRIDE脅威モデルにおいて、それぞれTは特権の昇格、Iはデータの改ざん、Eは情報の漏えいを意味する。

A 390 □□ 残存リスクについては、現実にリスクが発生したときに必要な費用を負担することを受容したうえで、リスクを保有することとなる。 ×

A 391 □□ リスクの許容水準の設定および残存リスクの承認は、経営者の判断において行われるべきである。 ○

A 392 □□ 組織内外の諸要因の変化によりリスクの状況は常に変動するため、定期的にリスク分析やリスク評価を実施する必要がある。その際、残存リスクの変動状況についても調査・検討し、必要があれば、許容水準自体を見直すべきである。 ×

A 393 □□ 本問以外の例としては、技術的脅威としてワーム、人的脅威として誤操作・パスワードの不適切な管理、物理的脅威として地震・落雷・停電・機器の故障などが挙げられる。 ○

A 394 □□ STRIDEとは、システムやアプリケーションなどに対するセキュリティ上の脅威の頭文字を並べたものである。Tはデータの改ざん（Tampering with Data)、Iは情報の漏えい（Information Disclosure)、Eは特権の昇格（Elevation of Privilege）を意味する。 ×

Q 395 □□【過去】

技術的脅威の要素に関し、否認とは、ネットワーク上での売買や契約等を実行した後に、一定の期間内に消費者が事業者との間で締結した契約を一方的に解除することをいう。

Q 396 □□【過去】

技術的脅威における、セキュリティ事故や事件を、なりすまし、データの改ざん、情報の漏えいなどに分類すると、他人のユーザーIDやパスワードを盗用し、本来その人しか見ることができない情報を盗み出したり、ネットワーク上で不正行為をすることは、情報の漏えいに当たる。

Q 397 □□【過去】

技術的脅威の要素に関し、特権の昇格とは、不正侵入した攻撃者が、コンピュータの特権ユーザーの権限を取得し、コンピュータやネットワーク上で不正行為を行うことをいう。

Q 398 □□【過去】

技術的脅威の要素に関し、データの改ざんとは、アクセス権限の管理が不適切な場合に、ネットワークからの侵入により、サーバ内の機密情報を不正に取得されることをいう。

Q 399 □□【予想】

物理的脅威に関し、自然災害や火災などは、MICTSの脅威分類では偶発的脅威に当たる。

A 395 □□

否認とは、ネットワーク上での売買や契約等を実行した後に、それに関する事実がなかったというような虚偽の主張をされることをいう。認証に不備があるときや、通信履歴の保管ができていないときには、否認に対抗できない場合がある。 ×

A 396 □□

本問の記述は、情報の漏えいではなく、なりすましに当たる。情報の漏えいとは、アクセス権限の管理が不適切な場合に、ネットワークからの侵入により、サーバ内の機密情報を不正に取得されることをいう。 ×

A 397 □□

特権ユーザーの権限（管理者特権）を取得することにより、コンピュータやネットワーク上でのファイルの改ざん・削除などの不正行為を行うのが特権の昇格である。 ○

A 398 □□

本問は、情報の漏えいに当たる行為である。データの改ざんとは、ネットワークを通じて外部からコンピュータに侵入し、管理者の許可を得ずに、Webサイトやアクセスログ、機密情報などを書き換える行為のことである。 ×

A 399 □□

自然災害や火災などは、MICTSの脅威分類では環境的脅威に当たる。偶発的脅威に当たるのは、機器の故障や劣化である。 ×

Q 400 □□【予想】

脅威を技術的脅威、物理的脅威、人的脅威に分類した場合、ソフトウェア利用規則が整備されていない、もしくは整備されていても守られていない状態で、本来使用されるべきでないソフトウェアがインストールされているケースは、技術的脅威に当たる。

Q 401 □□【過去】

人的脅威を、誤操作、設定ミス、紛失等に分類した場合、セキュリティパッチやウイルス定義ファイルを更新していなかったために情報が漏えいした事例は、誤操作に当たる。

Q 402 □□【予想】

ぜい弱性とそれに対応する脅威を組み合わせる場合、ソフトウェア修正版適用の不徹底というぜい弱性にはウイルス・ワームの感染という脅威が、アクセス制御の管理不備というぜい弱性には内部犯行・情報漏えいという脅威が、それぞれ対応する。

Q 403 □□【過去】

ぜい弱性とそれに対応する脅威を組み合わせる場合、アクセスコントロールの欠如は不正アクセスに、ログ管理の欠如はなりすましに、ハードウェアのメンテナンス不足は盗難・紛失に、それぞれ対応する。

A 400 □□
本問のケースは、許可されていないソフトウェアを使用する行為であり、人的脅威に当たる。技術的脅威は、ネットワークシステムやWebアプリケーションなどに対する、技術を用いた意図的な不正による脅威のことである。 ×

A 401 □□
人的脅威を、誤操作、設定ミス、紛失等に分類した場合、この事例は、設定ミスに当たる。誤操作は、メールやFAXの宛先を間違って送信する場合などである。 ×

A 402 □□
情報資産に関し、ぜい弱性とは、物理的な環境、組織・人的な環境、技術的な環境などに含まれる弱点で、脅威によってつけ込まれる可能性のあるもののことである。 ○

A 403 □□
ぜい弱性とそれに対応する脅威を組み合わせると、アクセスコントロールの欠如はなりすまし・改ざん・情報漏えいに、ログ管理の欠如は不正アクセスに、ハードウェアのメンテナンス不足は故障・情報漏えいに、それぞれ対応する。 ×

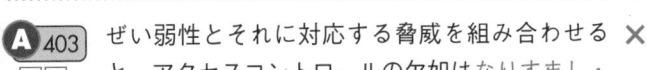

4 ソーシャル・エンジニアリング

Q 404 □□【予想】

フィッシングには、正規の金融機関などを装ったURLをメールで送りつけ、偽のWebサイトへ誘導するなど、さまざまな巧妙な手法がある。

★★ Q 405 □□【過去】

ピギーバックとは、不正な方法でオフィス内部に侵入する方法のうち、同伴者を装って、他人についていくことである。

★★ Q 406 □□【過去】

スカビンジングとは、「ゴミ箱あさり」や「のぞき見」などの「情報をあさる」ような行為全般のことである。

★★ Q 407 □□【過去】

トラッシングとは、システム管理者やサービスプロバイダのサポート担当者を装って、他人のパスワードを不正に入手することである。

★★ Q 408 □□【過去】

ショルダーハックとは、不正アクセスをするために必要なパスワードを入手する方法のうち、キーボードで入力するところを後ろから盗み見る行為のことである。

A 404 □□

フィッシングにはこのほか、マルウェアなどの不正プログラムをユーザー環境に埋め込み、個人情報を盗聴する、などの方法がある。 ○

A 405 □□

ピギーバックの対策として、受付、守衛等による入退館チェック、外部入出者と内部入出者の出入口の分離、監視カメラの設置、指紋照合等のバイオメトリクス認証の利用などが挙げられる。 ○

A 406 □□

スカビンジングの対策として、安易に構内侵入を許さないような施設面の対策をとること、書類やメディアの廃棄方法を決め遵守させることや、不用意にパスワードなどを書いた紙を放置しないことなどが挙げられる。 ○

A 407 □□

本問は、「なりすまし」についての説明である。トラッシングとは、いわゆる「ゴミ箱あさり」のことであり、企業等のゴミ収集所に行ったり、清掃員になりすまし、あるいは実際に清掃員になったりして、ゴミをあさり情報を入手する行為である。 ×

A 408 □□

ショルダーハックの対策として、不用意にパスワードを書いた紙をディスプレイに貼り付けたりしないことや、他者の目に触れやすい場所でパスワードを入力しないことなどが挙げられる。 ○

★

Q 409

□□

【過去】

フィッシングの対策としては、クリアデスクやクリアスクリーン、書類やメディアの廃棄方法を明確化し、遵守させるほか、送られてきた電子メールを無条件に信用せず、リンクを安易にクリックしないことや、メールヘッダの詳細情報を確認することが挙げられる。

Q 410

□□

【予想】

トラッシングの対策としては、OSやWebブラウザなどを常に最新化しておくことや、セキュリティソフトの導入によって、監視することが挙げられる。

A409 □□

送られてきた電子メールを無条件に信用せず、リンクを安易にクリックしないことや、メールヘッダの詳細情報を確認することは、フィッシングの対策である。しかし、クリアデスクやクリアスクリーンはのぞき見（ショルダーハック）、書類やメディアの廃棄方法を明確化し、遵守させることはトラッシングの対策である。 ×

A410 □□

OSやWebブラウザなどを常に最新化しておくことや、セキュリティソフトの導入によって、監視することは、フィッシングの対策である。 ×

実践トライ!!

脅威と対策（1）

問題

以下の**ア**から**エ**までのうち、個人情報取扱事業者の個人情報保護法上の義務規定を示した次の図中の（　）に入る最も適切な語句の組合せを1つ選びなさい。

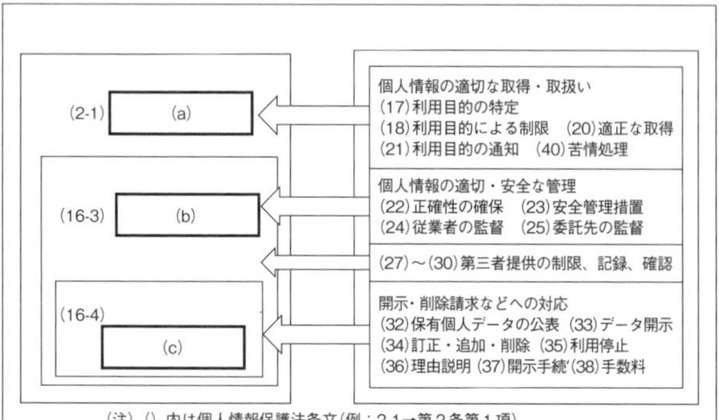

（注）() 内は個人情報保護法条文(例：2-1→第2条第1項)

ア　a．個人データ　b．個人情報　c．保有個人データ

イ　a．個人データ　b．保有個人データ　c．個人情報

ウ　a．個人情報　b．個人データ　c．保有個人データ

エ　a．個人情報　b．保有個人データ　c．個人データ

解説

個人情報保護法上、個人情報取扱事業者が負う義務を、個人情報をその対象とするもの、個人データをその対象とするものおよび保有個人データをその対象とするものに分類して図示すると、次のとおりとなる。

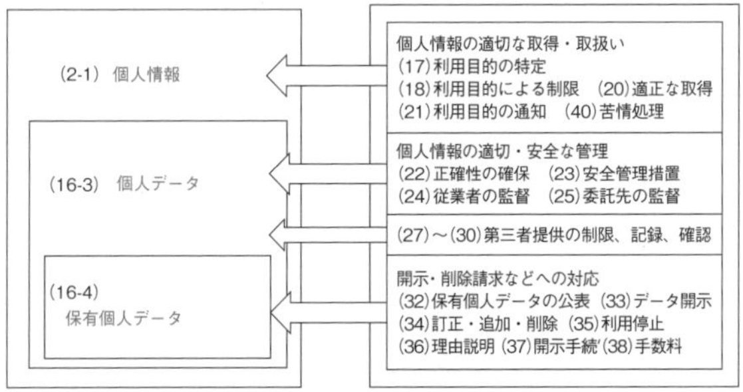

(注) () 内は個人情報保護法条文(例：2-1→第２条第１項)

解答　ウ

実践トライ!!

脅威と対策（2）

問題

以下の**ア**から**エ**までのうち、JIS Q 31000における、リスクマネジメントのプロセスを示した次の図中の（　　）に入る最も適切な語句の組合せを１つ選びなさい。

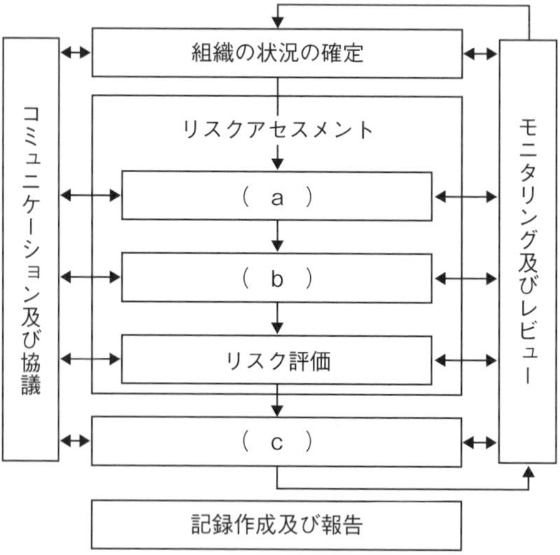

ア　a．リスク認知　b．リスク集約　c．リスク対応

イ　a．リスク認知　b．リスク分析　c．リスク選好

ウ　a．リスク特定　b．リスク集約　c．リスク選好

エ　a．リスク特定　b．リスク分析　c．リスク対応

解説

JIS Q 31000（リスクマネジメントー指針）は、ISO 31000を基に作成されたリスクマネジメントに関する指針を示したJIS規格である。JIS Q 31000における、リスクマネジメントのプロセスを示した図は、次のとおりである。

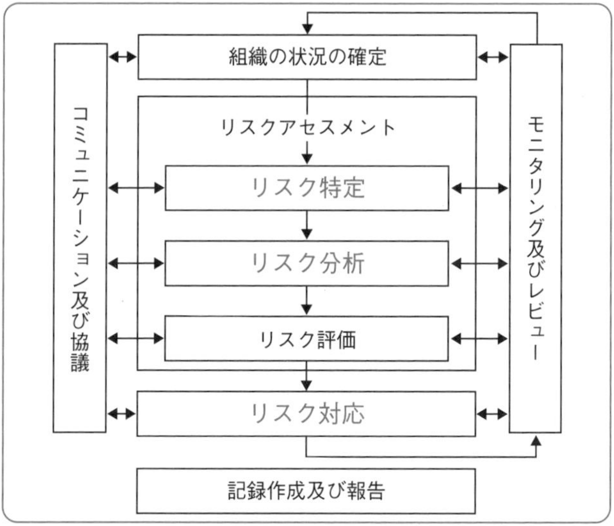

●JIS Q 0073における用語の定義

リスクアセスメント	リスク特定、リスク分析およびリスク評価のプロセス全体
リスク特定	リスクを発見、認識および記述するプロセス
リスク分析	リスクの特質を理解し、リスクレベルを決定するプロセス
リスク評価	リスクおよび／またはその大きさが、受容可能かまたは許容可能かを決定するために、リスク分析の結果をリスク基準と比較するプロセス
リスク対応	リスクを修正するプロセス リスク回避、リスク軽減、リスク共有、リスク保有がある
コミュニケーションおよび協議	リスクの運用管理について、情報の提供、共有または取得、およびステークホルダーとの対話を行うために、組織が継続的におよび繰り返し行うプロセス

解答 エ

実践トライ!!

脅威と対策（3）

問題

MICTSが例示している、【表1】の「あらかじめ定義された評価用マトリックス」を利用して、D社が保有している情報資産を評価した結果（【表2】「評価」の空欄にあてはまる数値）を、**ア**～**エ**で答えなさい。

【表1】あらかじめ定義された評価用マトリックス（MICTSより抜粋）

脅威のレベル		低			中			高		
ぜい弱性のレベル		低	中	高	低	中	高	低	中	高
情報資産の価値	0	0	1	2	1	2	3	2	3	4
	1	1	2	3	2	3	4	3	4	5
	2	2	3	4	3	4	5	4	5	6
	3	3	4	5	4	5	6	5	6	7
	4	4	5	6	5	6	7	6	7	8

【表2】D社での評価結果

情報資産	価値	脅威	レベル	ぜい弱性	レベル	評価
USBメモリ	4	紛失	中	管理不足	中	

ア 4

イ 5

ウ 6

エ 7

解説

MICTS（Management of ICT Security）の「あらかじめ定義された評価用マトリックス」を利用したリスク評価方法の概要は次のとおりである。

① まず、あらかじめリスクの値を表中に0～8という数で示しておく。

② 次に、「(情報）資産の価値の評価」を5段階（0～4)、「脅威の評価」と「ぜい弱性の評価」を「低い」「中程度」「高い」という3段階でそれぞれレベルづけする。

③ このマトリックスを利用して、レベルづけされたそれぞれの評価からリスク値を求める。たとえば、USBメモリの資産価値が4、脅威が「中程度」、ぜい弱性が「中程度」と評価されるのであれば、リスク値は、それらが重なり合うところ、すなわち6であると評価される。

【表1】あらかじめ定義された評価用マトリックス（MICTSより抜粋）

脅威のレベル		低			中			高		
ぜい弱性のレベル		低	中	高	低	中	高	低	中	高
情報資産の価値	0	0	1	2	1	2	3	2	3	4
	1	1	2	3	2	3	4	3	4	5
	2	2	3	4	3	4	5	4	5	6
	3	3	4	5	4	5	6	5	6	7
	4	4	5	6	5	6	7	6	7	8

【表2】D社での評価結果

情報資産	価値	脅威	レベル	ぜい弱性	レベル	評価
USBメモリ	4	紛失	中	管理不足	中	6

解答 ウ

実践トライ!!

脅威と対策（4）

問題

以下の**ア**から**エ**までのうち、リスク対応の分類を示した次の表中の（　　）に入る最も適切な語句の組合せを１つ選びなさい。

分類	概要
リスクの（a）	リスクが発生する状況に巻き込まれないように意思決定する、または撤退する。
リスクの（b）	対策を実施して、リスク発生の可能性を低減する、もしくはリスク発生時の損失を軽減する。
リスクの（c）	リスク発生時の損失負担などを他者に分散、または他者と共有する。保険の利用が代表的である。
リスクの（d）	特定の対策を実施せず、発生時の損失負担を受容し、リスクを保有する。

ア　a．修正（軽減）　b．共有（移転）　c．保有（受容）
d．回避

イ　a．回避　b．修正（軽減）　c．共有（移転）
d．保有（受容）

ウ　a．共有（移転）　b．保有（受容）　c．回避
d．修正（軽減）

エ　a．保有（受容）　b．回避　c．修正（軽減）
d．共有（移転）

解説

リスクへの対応方法は、リスク発生の可能性、発生時の損失、リスク対策に必要な費用などから、リスクを許容できるレベルとのかねあいで決定される。リスク対応の分類を示した表を、以下に示す。

分類	概要
リスクの回避	リスクが発生する状況に巻き込まれないように意思決定する、または撤退する。
リスクの修正（軽減）	対策を実施して、リスク発生の可能性を低減する、もしくはリスク発生時の損失を軽減する。
リスクの共有（移転）	リスク発生時の損失負担などを他者に分散、または他者と共有する。保険の利用が代表的である。
リスクの保有（受容）	特定の対策を実施せず、発生時の損失負担を受容し、リスクを保有する。

解答 イ

実践トライ!!

脅威と対策（5）

問題

以下の**ア**から**エ**までのうち、情報資産に関するぜい弱性の対象ごとの分類を示した次の表中の（　）に入る最も適切な語句の組合せを1つ選びなさい。

分類	対象	ぜい弱性の例
（a）	建物	災害対策の不足
	セキュリティ区画	入退出管理の不備
	電源、空調	電源や空調設備の保守不足
（b）	組織	不明確なセキュリティ体制
	規程	セキュリティポリシーの未策定
（c）	セキュリティ意識	教育の不足
	業務ミス	マニュアルの不備
	無断持ち出し	規程の不備、モニタリングの不足
（d）	ソフトウェア	セキュリティパッチの更新漏れ
	ネットワーク	アクセスログの監視不足

ア　a．物理的　b．組織的
c．人的　d．技術的

イ　a．技術的　b．人的
c．物理的　d．組織的

ウ　a．組織的　b．物理的
c．技術的　d．人的

エ　a．人的　b．技術的
c．組織的　d．物理的

解説

情報資産に関するぜい弱性とは、物理的な環境、組織的および人的な環境、技術的な環境などに含まれる弱点で、脅威によってつけこまれる可能性のあるものをいう。情報資産に関するぜい弱性の対象ごとの分類を示した表は、次のとおりである。

分類	対象	ぜい弱性の例
物理的	建物	災害対策の不足
	セキュリティ区画	入退出管理の不備
	電源、空調	電源や空調設備の保守不足
組織的	組織	不明確なセキュリティ体制
	規程	セキュリティポリシーの未策定
人的	セキュリティ意識	教育の不足
	業務ミス	マニュアルの不備
	無断持ち出し	規程の不備、モニタリングの不足
技術的	ソフトウェア	セキュリティパッチの更新漏れ
	ネットワーク	アクセスログの監視不足

解答 ア

POINTマスター

脅威と対策

30 JIS Q 15001「個人情報保護マネジメントシステム－要求事項」における個人情報保護マネジメントシステムのスパイラルアップモデル

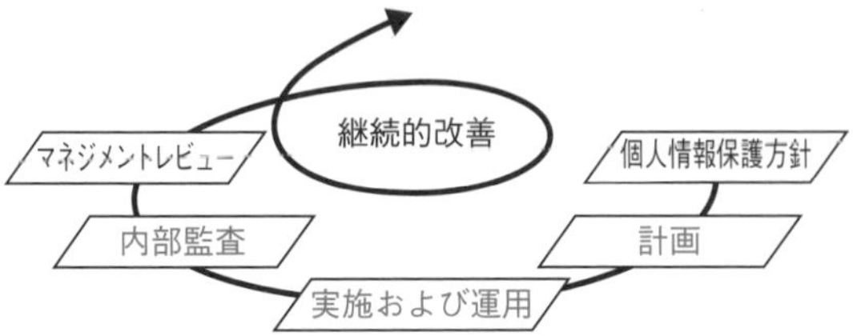

31 ISMSにおける情報セキュリティの3つの要素

要素	説明
機密性	アクセスを認可された者だけが、情報に確実にアクセスできる
完全性	情報や処理方法が、正確かつ完全であること
可用性	認可された利用者が、必要なときに、情報や関連する資産に確実にアクセスできる

32 JIS Q 0073におけるリスクマネジメント用語の関係

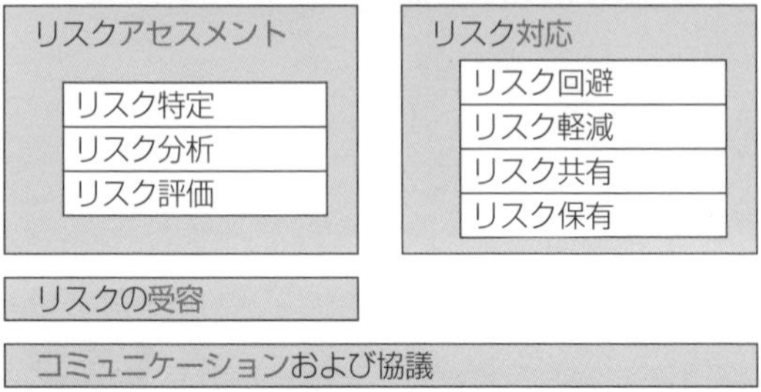

33 MICTSのリスク分析手法

手法	概要
ベースラインアプローチ	個々の情報資産に着目するのではなく、特定の実践規範のレベルとのギャップを分析する手法
詳細リスク分析	個々の情報資産について脅威、ぜい弱性を識別し分析する手法
組合せアプローチ	重要な情報資産には詳細リスク分析、それ以外にはベースラインアプローチを適用する手法
非形式アプローチ	個人の知識や経験をベースに、体系化されていない方法で分析を行う手法

34 情報セキュリティリスクの要素

情報資産	情報システムに関連づけられる資産（データ、ソフトウェア資産、物理的資産など）
脅威	システムまたは組織に危害を与える、好ましくない事故の潜在的な原因
ぜい弱性	脅威によって影響を受け得る資産または資産グループの弱点
リスク	ある脅威が資産または資産グループのぜい弱性を利用して、資産に対する損失、損害を与える可能性

35 脅威の分類（MICTSでの例示）

人為的脅威		環境的脅威
意図的脅威	偶発的脅威	
盗聴・盗難、情報の改ざん、システム・ハッキング、悪意のコード	誤り・ケアレスミス、ファイルの削除、不正な経路、物理的な事故	地震、落雷、火災、洪水

36 代表的なリスク評価手法

手法	説明
ALE (Annual Loss Exposure)	米国立標準技術院が開発したもので、年間予想損失額を算出する定量的評価手法である。発生頻度と損失額をあらかじめ算出し、対策資金や対応策を決定するものである。 ALE＝f(損失が発生する予想頻度) ×i(1回あたりの予想損失額)
JNSA損害額算出モデル	日本ネットワークセキュリティ協会（JNSA）が作成したもので、セキュリティ事故の損害賠償額や情報セキュリティの対策投資額を算出するモデルである。
ビジネスインパクト分析(BIA)	事業継続の観点から注目される手法。起こりうるリスクに対して事業継続に影響を及ぼす重要業務を特定し、その業務の目標復旧時間を算定する。BIA の結果が、事業継続計画の策定の根拠となる。
プライバシー影響評価(PIA)	個人情報を保有する際、プライバシーや特定個人情報へ及ぼす影響を事前に評価し、その保護対策のための措置を講じる仕組み。マイナンバー制度において法的に義務付けられている。

37 リスク対応指針

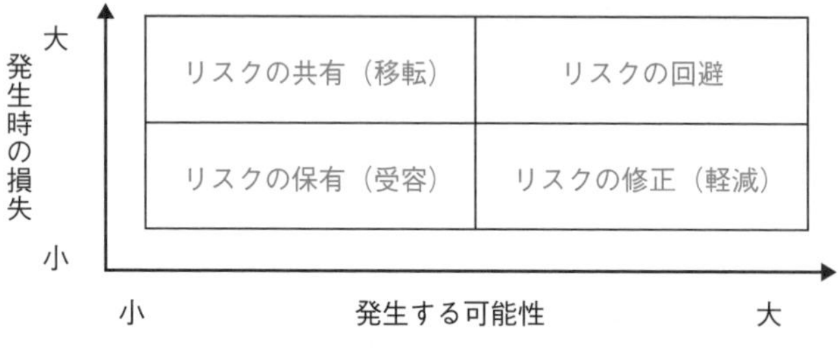

38 リスク対応の分類

対応方法	説明
リスクの回避	リスクが発生する状況に巻き込まれないように意思決定する、または撤退する。
リスクの修正（軽減）	対策を実施して、リスク発生の可能性を低減する、もしくはリスク発生時の損失を軽減する。
リスクの共有（移転）	リスク発生時の損失負担などを他者に分散、または他者と共有する。保険の利用が代表的である。
リスクの保有（受容）	特定の対策を実施せず、発生時の損失負担を受容し、リスクを保有する。

39 脅威の分類

技術的脅威	STRIDE脅威モデルによる分類例	
	Spoofin g Identity	なりすまし
	Tampering with Data	データの改ざん
	Repudiation	否認
	Information Disclosure	情報の漏えい
	Denial of Service（DoS）	サービス拒否
	Elevation of Privilege	特権の昇格
物理的脅威	MICTSの分類	脅威の種類
	環境的脅威	災害（自然災害、火災）
	意図的脅威	施設内への侵入による破壊や盗難
	偶発的脅威	機器の故障や劣化
人的脅威	誤操作	
	設定ミス	
	持ち出し	
	紛失	
	不正行為	
	パスワードの不適切な管理	
	不適切なソフトウェアやサービスの使用	

対策 組織的・人的セキュリティ

1 個人情報保護体制の整備

★ Q411 □□【予想】

組織面での個人情報保護対策は、①個人情報保護規程・細則の策定→②個人情報保護体制の整備→③情報保護の実施→④流出徴候のモニタリング→⑤監査と評価→⑥業務の見直し・教育の流れに沿って実施する。

Q412 □□【予想】

個人情報保護を推進する組織体制を構築するには、まずは経営者自身が個人情報保護対策の重要性を理解し、判断力とリーダーシップを発揮し、組織の中心となって個人情報保護を推進することが望ましい。

Q413 □□【予想】

個人情報保護の最高責任者として、個人情報保護方針および個人情報管理規程の策定・運用・改善を実施する、個人情報保護対策の要である個人情報保護管理者（CPO；Chief Privacy Officer）は、客観的に監督する立場を維持するため、社外から選任しなければならない。

Q414 □□【予想】

個人情報保護の推進を組織として継続的に取り組むための意思決定機関である個人情報管理委員会は、各部門、各職務の役割、責任、権限の決定と任命、個人情報保護方針の策定と規程の承認などを行う。

組織的・人的セキュリティ対策の手法に関する基本的な概念を整理しておきましょう。

A411 □□ 個人情報保護体制の整備に関して、組織面での個人情報保護対策は、①個人情報保護体制の整備→②個人情報保護規程・細則の策定→③情報保護の実施→④流出徴候のモニタリング→⑤監査と評価→⑥業務の見直し・教育の流れに沿って実施する。 ×

A412 □□ 組織体制の整備には、経営資源の投入、業務フローの変更、現場の説得等が必要になる。また、全社的に取り組む個人情報保護活動への積極性などの評価のため、目標管理制度の見直しも必要となる。そのため、まずは経営者自身の意識が重要となってくる。 ○

A413 □□ 個人情報保護の推進体制に関して、個人情報保護管理者は、個人情報保護の最高責任者として、個人情報保護方針および個人情報管理規程の策定、運用、改善を実施する。個人情報保護対策の主要な立場であるため、自社の業務をよく知る役員が就任することが望ましい。 ×

A414 □□ 個人情報管理委員会のその他の責務としては、個人情報保護対策に必要な経営資源の手配、個人情報保護体制の定期的なレビュー、問題の是正、予防処置の方針決定と実施のレビューがある。 ○

Q415 □□【予想】

個人情報保護の推進を組織として継続的に取り組むための意思決定機関である個人情報管理委員会は、営業や総務、人事など、実際の業務に熟知した人材を中心に部門横断的に招集する。また、組織内においては、その活動に実効性をもたせられるよう、公式の部門として位置づける必要がある。

★ Q416 □□【予想】

個人情報保護監査責任者は、顧客等からの個人情報保護に関する問い合わせの窓口となるほか、個人情報管理の状況について監査の実施と報告を行う。

Q417 □□【予想】

個人情報保護の推進に関する事務局は、個人情報保護の推進に関する組織内の調整機関として、個人情報管理規程の策定、従業者への周知・教育、運用、見直しなどの実務を行う。

★ Q418 □□【過去】

個人情報を保護するために、従業者の役割と責任について、職務分掌規程、職務権限規程などの内部規程、契約書、職務記述書などに定めることが望ましい。

Q419 □□【過去】

個人データの取扱いに際しては、支店や部門ごとでなく、全社を統一して情報管理責任者を設置し、その役割と責任を明確化するほか、作業責任者を限定し、取得・入力から消去・廃棄までの個人情報のライフサイクルにわたって管理することが望ましい。

A 415 □□
個人情報管理委員会は、組織の各部門から、実際の業務に熟知した人材を中心に部門横断的に招集する。また、その活動に実効性をもたせるため、組織内において公式の部門として位置づける必要がある。 ○

A 416 □□
個人情報保護監査責任者は、個人情報管理の状況について監査の実施と報告は行うが、問い合わせや苦情は、個人情報の苦情・相談窓口で受け付ける。 ×

A 417 □□
個人情報保護の推進に関する事務局は、個人情報保護の推進に関する組織内の調整機関であり、一般に、本問に掲げられているような個人情報の保護に関する実務を行う。 ○

A 418 □□
従業者によって個人情報の安全管理対策にばらつきがあってはいけないので、個人データの取扱いについて従業者が果たすべき役割と責任を定義し、個人情報の安全管理対策を標準化しておくことが望ましい。 ○

A 419 □□
個人データの取扱いに関しては、全社統一ではなく、支店や部門ごとに情報管理責任者を設置するのが望ましい。情報管理責任者は、個人情報保護対策を現場の各作業者に徹底する重要な役割を担う。 ×

Q420 □□【過去】

個人情報保護体制において役割・責任を明確化するに当たっては、現場の意見が直ちに反映できるよう、個人データを直接取り扱っている者を情報管理責任者に任命し、支店長や部門長の関与は最小限にとどめるような仕組みとする。

★ **Q421** □□【予想】

個人データをデータベースとして管理したり、検索機能を提供する情報システムについては、運用責任者を設置し、運用に当たる担当者をシステム管理者も含めて限定する。

2 個人情報保護の規程文書の策定

★★ **Q422** □□【過去】

内部統制とは、企業がその業務を適正かつ効果的に遂行するために、社内に構築し、運用する体制及びプロセスである。その目的としては、業務の有効性・効率性の確保、財務報告の信頼性の確保、関連法規の遵守が挙げられる。適切な内部統制及びリスクマネジメントが構築・運用されることにより、企業に対する顧客・投資家などの信頼を高めることができ、それによって企業価値の向上を図ることが可能となる。

★ **Q423** □□【過去】

個人情報を確実に保護するためには、個人情報保護に関するルールを明文化し、すべての従業者に対して、同一水準の安全対策を義務付ける必要がある。

A 420 □□

個人データの取扱いに際しては、支店または部門ごとに情報管理責任者を設置し、その役割と責任を明確化する。情報管理責任者は、現場の各従業者に個人情報保護対策を徹底する重要な役割を担うため、支店長または部門長が就任することが望ましい。 ×

A 421 □□

個人データを取り扱う情報システムについては、運用責任者を設置し、運用担当者をシステム管理者も含めて限定する。 ○

A 422 □□

内部統制とは、業務の有効性・効率性の確保、財務報告の信頼性の確保、関連法規の遵守などを目的として、企業がその業務を適正かつ効果的に遂行するために、社内に構築し、運用する体制およびプロセスをいう。内部統制およびリスクマネジメントが適切に構築・運用されると、企業に対する顧客・投資家などの信頼が高まり、ひいては企業価値も向上する。 ○

A 423 □□

個人情報保護に関するルールの文書化に際しては、内容のずれや矛盾を防止するため、「方針」→「基準」→「手順」の順に策定し、その体系は「ピラミッド型文書体系」をもとに検討することが望ましい。 ○

Q 424 □□【予想】

すべての従業者が個人情報保護対策を実践するためには、個別の規程がわかりやすく、かつ全体として整合性がとられていなければならない。そのため、個人情報保護の規程文書の体系は、多くのマネジメントシステムが採用している「マトリックス型文書体系」をもとに構成されていなければならない。

Q 425 □□【予想】

個人情報保護の規程文書は、内容のずれや矛盾を防止するため、「方針」→「基準」→「手順」の順に策定すべきであるとされるが、実際に策定するに当たっては、個人情報管理規程を総則と細則に分割するなど、組織の実情を反映して階層を増減させることも検討しなければならない。

★★
Q 426 □□【予想】

個人情報保護法では、個人情報保護方針の策定およびその公開を明確に義務付けており、Webサイトなどで一般にも公開し、個人情報保護に取り組む姿勢を対外的に示さなければならない。

★★
Q 427 □□【過去】

個人情報管理規程は、個人情報保護に関して組織全体に共通する基本ルールであり、どの企業も一律に項目を定義し、実務上の手順からボトムアップする形で、方針を策定する必要がある。

★
Q 428 □□【過去】

個人情報管理規程は、手順書や様式などを決める際の基準となるため、個人情報保護対策をすべて網羅した内容である必要がある。

A 424 □□
個人情報保護の規程文書の体系は、規程文書を「方針」→「基準」→「手順」の３つの階層に分類している「ピラミッド型文書体系」をもとに構成すべきである。 ×

A 425 □□
個人情報保護の規程文書は、内容のずれや矛盾を防止するためにも、「方針」→「基準」→「手順」の順に策定すべきである。ただし、実際に規程文書を策定する際には、個人情報管理規程を総則と細則に分割するなど、組織の実情を反映して階層を増減させることも検討しなければならない。 ○

A 426 □□
個人情報保護法では、個人情報保護方針の公開を明確には義務付けていない。ただし、Webサイトなどで個人情報保護方針を一般に公開し、個人情報保護に取り組む姿勢をアピールすべきである。 ×

A 427 □□
個人情報管理規程は、個人情報保護に関して組織全体に共通する基本ルールであり、個人情報保護対策のPDCAサイクルに沿って項目を定義する。具体的には、個人情報保護方針をブレイクダウンする形で、方針を策定する。 ×

A 428 □□
個人情報管理規程は、手順書や様式などを決める際の基準となるため、個人情報保護対策をすべて網羅した内容としなければならない。 ○

Q 429 □□【過去】

個人情報管理規程の作成に際しては、業務実態とかけ離れた無理なルールにならないように、策定作業の前に現場の調査を実施し、実情をよく把握して調整する必要がある。

★ Q 430 □□【過去】

個人情報管理規程の項目のうち、「維持および継続的改善」において定めるべき事項の具体例としては、「法令遵守」、「個人情報保護の規程文書体系」、「従業者の教育・研修」などがある。

★ Q 431 □□【過去】

個人情報保護の規程文書のうち、手順書や業務マニュアル、台帳、様式は、個人情報管理規程を基準として、実務上の手順や書式を具体的に定める必要がある。

Q 432 □□【予想】

個人情報管理規程を基準として策定する手順書や様式のうち、「安全管理措置」に関する文書例としては、機密保持契約書、入退室記録帳、個人情報資料受領書、個人情報開示請求書などがある。

A 429 □□

個人情報管理規程の作成に際しては、策定作業の前に現場の調査を実施し、実情をよく把握して調整し、業務実態とかけ離れた無理なルールにならないようにする必要がある。 ○

A 430 □□

個人情報管理規程の項目には、他に「個人情報の取扱い」「安全管理措置」等があり、それぞれの具体例として、前者には利用目的と適正な取得、第三者提供の制限、共同利用等が挙げられ、後者には情報システムの開発・運用・保守、オフィス管理、文書の台帳管理・分類等が挙げられる。 ○

A 431 □□

手順書や業務マニュアル、台帳、様式は、個人情報管理規程を基準として、実務上の手順や書式を具体的に定める必要がある。 ○

A 432 □□

入退室記録帳、個人情報資料受領書は、安全管理措置に関する文書であるが、機密保持契約書は、誓約書と同様に非開示契約と罰則に関する文書例であり、個人情報開示請求書は個人情報漏えい時対応手順書と同様に苦情・違反・事故に関する文書例である。 ×

3 個人情報の特定と管理

★★
Q433 □□【過去】
個人情報を特定、管理するにあたって、個人情報管理台帳を作成する作業の正しい手順は、「個人情報の棚卸し」→「個人情報取扱い手順書の作成」→「個人情報管理台帳の作成」である。

Q434 □□【予想】
個人情報取扱い手順書では、個人情報を重要度に応じた管理レベルによって分類し、管理レベルごとに取扱い手順を定める。また、管理レベルに応じた表記を行い、表記方法は部門ごとに策定するのが望ましい。

★★
Q435 □□【予想】
個人情報のCIAについて、機密性とは情報が漏えいした場合の影響度であり、完全性とは情報の正確性が失われた場合の影響度であり、可用性とは情報が利用できない場合の影響度のことである。

★
Q436 □□【予想】
個人情報の管理レベルにおいて、自社の会社案内、社内規則などは「公開」してもよい情報の管理レベルであり、社員に付与したIDの対応リスト、会社概要などは「社外秘」としなければいけない情報の管理レベルである。

A 433 □□
個人情報管理台帳を作成する場合、まずは手順書の作成から入らなければならない。したがって、正しい手順は、「個人情報取扱い手順書の作成」→「個人情報の棚卸し」→「個人情報管理台帳の作成」となる。 ×

A 434 □□
個人情報を「社外秘情報の保管手順」等の管理レベルごとに取扱い手順を定め、「関係者外秘」や「重要」等の管理レベルに応じた表記を行うことが必要であり、表記方法は組織全体で統一するべきである。 ×

A 435 □□
情報のCIAとは、企業が持つ情報を安全に利用できるよう対策を実施し、その環境を維持するために、情報セキュリティの脅威を分析し、有効な対策を講じるポイントとして示されたもので、機密性（Confidentiality）、完全性（Integrity）、可用性（Availability）のことである。 ○

A 436 □□
個人情報の管理レベルにおいて、「公開」の情報内容は、自社の会社案内、会社概要などであり、「社外秘」となるのは、個人管理の名刺、社員名簿、社内規則などである。社員に付与したIDリストは、大規模に集積された個人情報などとともに、「関係者外秘」という管理レベルである。 ×

Q 437 □□【過去】

個人情報は、電子ファイルや書類、電子メール、名刺など、さまざまな形態で存在するため、個人情報管理台帳で管理する項目や内容は、最初ではなく運用後に定義することが望ましい。

★ Q 438 □□【過去】

個人情報は外部から入ってくるため、外部との接点を起点とし、顧客から入手した情報であるのならば申込用紙や電子メール、情報システムで処理をした情報であるのならば入力画面やPOS端末など、個人情報の流れを追って洗い出すことが望ましい。

Q 439 □□【過去】

個人情報の洗出しにより、個人情報の保管ファイル等に管理レベルの異なる個人情報が混在する場合は、それぞれの取扱い方法が異なるため、ファイルを分割することが望ましい。また同じ個人情報が複数存在する場合は、一本化して重複分を廃棄することが望ましい。

★ Q 440 □□【過去】

個人情報を取得した場合には速やかに台帳を更新し、不要となった場合にはすぐに破棄せず、バックアップに備えて一定期間、該当する個人情報を保存する必要がある。

Q 441 □□【過去】

個人情報管理台帳については、少なくとも１年に１回以上は個人情報の棚卸しを実施し、実在する個人情報と台帳に登録されている個人情報の差異をチェックし、ずれがあれば台帳を修正する必要がある。

A 437 □□

個人情報は、本問で挙げられているように、さまざまな形態で存在する。したがって、個人情報管理台帳の内容の統一性を図るため、管理する項目や内容は、最初に定義する必要がある。 ×

A 438 □□

個人情報は外部から入ってくるため、外部との接点を起点とし、本問にあるように、個人情報の流れを追って洗い出すことが望ましい。 ○

A 439 □□

管理レベルの異なる個人情報は、それぞれの管理レベルに応じて保管する。また、利用目的に合わないデータや同じデータが複数ある場合、漏えいリスクや管理コストの面から考えて、不要なデータは廃棄することが望ましい。 ○

A 440 □□

個人情報を取得・廃棄した場合には速やかに台帳を更新し、不要となった個人情報は適正な手順に従って速やかに処分する（法22条参照）。また、個人情報を部門間で授受した場合には個人情報資料受領書を交わして、履歴を残す必要がある。 ×

A 441 □□

個人情報管理台帳は、最新状態を維持するため、少なくとも１年に１回以上は個人情報の棚卸しをし、実在する個人情報と台帳に登録されている個人情報との差異をチェックし、ずれがある場合には台帳を修正する必要がある。 ○

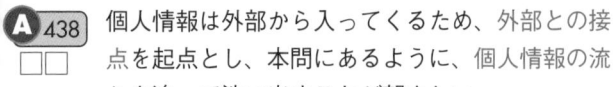

4 監査・改善

★
Q442 □□【過去】
個人情報保護監査は、監査責任者のもとで内部監査部門が実施する。もしくは、外部の専門機関に監査を依頼する。監査を客観的に実施するため、監査人は、外観上と精神上という二点において独立性が求められる。

Q443 □□【予想】
個人情報保護監査人は、独立かつ専門的な立場から、個人情報の取扱い状況を検証・評価していかなければならず、身分上、被監査主体との密接な関係を持ってはならない。

★★
Q444 □□【過去】
個人情報保護監査の実施において、本調査では、予備調査で把握した情報を踏まえ、被監査主体の協力を得ながら調査を実施するが、監査人が述べるすべての監査意見には、裏付けとなる監査証拠が必要である。

Q445 □□【予想】
監査の実施後は、監査意見をまとめた監査報告書を作成し、代表者に提出をする。監査報告書には、監査対象に関する指摘事項と改善勧告を記載する。その際、改善に緊急を要する事項であっても、口頭ではなく、報告書の作成を優先させる必要がある。

A 442 □□

外観上の独立性とは、監査人は、被監査主体と密接な利害関係をもつことがあってはならないということである。精神上の独立性とは、監査人は、常に公正かつ客観的に監査上の判断をしなければならないということである。 ○

A 443 □□

個人情報保護監査人は、個人情報保護管理者や個人情報管理委員会の業務内容も監査対象とするため、代表者の直轄部門として位置づけ、被監査主体との密接な利害関係をもってはならず、常に公正かつ客観的に監査上の判断をしなければならない。 ○

A 444 □□

監査証拠の収集方法は、現地調査、ヒアリングの実施等がある。また収集範囲には、監査対象のトランザクションを全件抽出する精査と、サンプリングする試査とがある。経済効率を考えて、通常は試査を適用する。 ○

A 445 □□

改善に緊急を要する事項の場合、監査報告書の作成を待たずに、代表者に口頭などで報告する必要がある。なお、監査報告書の指摘事項には、「重大・軽微・観察」「緊急・通常」などの区分をすることが望まれる。 ×

Q 446 □□ 【予想】

監査を実施する監査人は、監査報告書の記載事項に対して責任を負う。個人情報保護の責任自体は、監査主体に帰属する。監査人は監査報告書における指摘事項が改善されるように、被監査主体をフォローアップすることが要求される。

Q 447 □□ 【予想】

予備調査および本調査の結果を踏まえ、監査対象の状況が監査基準と照らし合わせて適切かどうかを判断する。結論を出す前に、被監査主体との間で、監査調書の記載内容についての事実確認を行うと、両者の間で密接な利害関係が生じる可能性があり、これにより虚偽の記載がなされるおそれが生じうるため、監査調書の記載内容について被監査主体と事実確認等を行ってはならない。

★★
Q 448 □□ 【過去】

監査証跡とは、個人情報の取扱い内容を後から追跡するための仕組みであり、権限付与申請書、教育実施記録帳、入退室記録帳、アクセス記録などがある。個人情報保護監査の有効性は、監査証跡の有無に左右されるため、監査証跡はあらかじめ、業務フロー及び情報システムの機能の中に組み込んでおく必要がある。

A 446 □□

個人情報保護の責任自体は、監査主体ではなく、被監査主体が負う。監査報告書には、指摘事項と改善勧告が記述され、指摘事項は、「重大・軽微・観察」「緊急・通常」など、重大性と緊急性に応じた区分をする。 ×

A 447 □□

予備調査および本調査を実施した後は、その結果を踏まえ、監査対象の状況が適切かどうかを監査基準と照らし合わせて判断する。その際、正確な評価をするため、結論を出す前に、監査調書の記載内容について、被監査主体との間で事実確認を行うようにする。 ×

A 448 □□

監査証跡は、個人情報の取扱い内容を後から追跡するための仕組みであり、個人情報保護監査の有効性は、この監査証跡の有無に左右されるため、あらかじめ、業務フローおよび情報システムの機能の中に組み込んでおく必要がある。 ○

5 従業者との契約および教育等

★★
Q449 □□【予想】

個人情報取扱事業者は、その従業者に個人データを取り扱わせるに当たって、当該従業者に対し必要かつ適切な監督をしなければならない。ここでいう従業者とは、個人情報取扱事業者の組織内にあって、直接または間接的に事業者の指揮監督を受けて事業者の業務に従事している者等を指す。

Q450 □□【予想】

個人情報取扱事業者は、個人情報保護法に基づく安全管理措置を遵守させるよう、従業者に対し必要かつ適切な監督をする際、本人の個人データが漏えい、滅失またはき損をした場合に本人が被る権利利益の侵害の大きさを考慮し、事業の規模および性質、個人データの取扱状況等に起因するリスクに応じ、必要かつ適切な措置を講ずることが望ましいとされる。

★★
Q451 □□【予想】

非開示契約の対象とすべきなのは、個人情報を取り扱う従業者および情報システムの開発・保守関係者のみであり、清掃担当者、警備員などは対象としなくてもよい。

Q452 □□【過去】

個人情報保護は、営業秘密の保護と目的や対象範囲などにおいて共通する点があるため、個人情報保護と営業秘密保持とで非開示契約の内容を統一することが望ましい。

A 449 □□

個人情報を保護するためには、個人情報を直接取り扱う従業者を監督するだけでは不十分で、個人情報を取り扱う可能性がある者、すなわち、正社員等の従業員、取締役等の役員のほか、派遣社員も含め、すべての従業者を監督する対象に含めるべきである。 ○

A 450 □□

個人情報取扱事業者は、個人情報保護法に基づく安全管理措置を遵守させるよう、従業者に対し必要かつ適切な監督をしなければならない。その際、本人の個人データが漏えい、滅失またはき損をした場合に本人が被る権利利益の侵害の大きさを考慮し、事業の規模および性質、個人データの取扱状況等に起因するリスクに応じて、個人データを取り扱う従業者に対する教育、研修等の内容および頻度を充実させるなど、必要かつ適切な措置を講ずることが望ましいとされる。 ○

A 451 □□

非開示契約は、個人情報を保有する建物に立ち入る可能性のある清掃担当者、警備員なども対象に含めるべきである。 ×

A 452 □□

個人情報保護は、営業秘密の保護と目的や対象範囲などが異なるため、個人情報保護と営業秘密保持とで非開示契約の内容を分けた方が、従業者の理解を得やすい。 ×

★ Q453 □□【過去】

従業者が軽率に個人情報を持ち出すことを防止するために、個人情報の規程違反に対する懲戒処分及び損害賠償の可能性を、罰則規定として契約書に明記することが望ましい。

★ Q454 □□【過去】

個人情報保護についての従業者の役割と責任については、社内通達や社内報、社内ポスターなどで折に触れてすべての従業者に周知し、個人情報の取扱いに対する責任の自覚を促さなければならない。

Q455 □□【過去】

個人情報の取扱い手順は、従業者個々の業務と異なるだけではなく、通常の業務の流れと異なるため、個人情報保護の規程などは、業務マニュアルに組み込まず、分離する必要がある。

★ Q456 □□【予想】

従業者の教育は、個人情報管理委員会の承認のもと、事務局が計画し実施するが、従業者教育の目的や共通ルールは、教育手順書として事前に作成しておくことが望ましい。

★ Q457 □□【過去】

従業者教育の実施時期については、従業者が教育を受けるために業務から離れると、現場にその分負担がかかるうえ、複数回実施するとコストがかさむため、年1回程度の実施にとどめることが望ましい。

A 453 □□
非開示契約には、個人情報を含む機密情報を第三者に許可なく開示しないこと、および個人情報保護に関する規則を定めた規程文書や就業規則などの遵守を定めるほか、これらに違反した場合の罰則規定を明記しておくことが望ましい。 ○

A 454 □□
個人情報保護対策を講ずるに当たっては、物理的、技術的な個人情報保護対策だけでなく、従業者の意識改革を促すために、個人情報保護の周知・教育の徹底が必要である。そのため、入社時や契約時のみに限定した周知であってはならない。 ○

A 455 □□
個人情報の取扱い手順は、従業者個々の具体的な通常の業務の流れに組み込まれていなければ、従業者の仕事として理解されにくいため、個人情報保護の規程などを業務マニュアルに組み込むことが求められる。 ×

A 456 □□
教育内容にばらつきが生じるのを防止するために、従業者教育の目的や共通ルールについては事前に作成しておくのが望ましい。ただし、教育カリキュラムは対象者ごとに作成すべきである。 ○

A 457 □□
従業者教育の実施時期については、従業者が教育期間中は業務から離れ、現場に負担がかかるため、効率よく計画する必要がある。ただし、中途入社者や欠席者を考慮して、年1回ではなく、同一内容の教育を年間複数回実施することが望ましい。 ×

Q 458 □□【予想】

個人情報保護管理におけるモニタリングの手段の例として、入退室の記録、情報システムへのアクセスログの取得、電子メールの検閲、KPI（Key Performance Indicator）の測定などがある。

★★

Q 459 □□【過去】

モニタリングの目的は人為的な犯罪の発見にあるため、対象となる部門の従業者に対して、実施の事実やその開始時期等は秘匿する必要がある。またモニタリングの実施に関しては、社内規程案を事前に策定し、あらかじめ社内で徹底する必要がある。

6 派遣社員・契約社員の受入れと委託先管理

★★

Q 460 □□【予想】

企業が派遣社員を受け入れる際には、派遣元企業と労働者派遣契約とともに非開示契約を締結した後、派遣社員を受け入れて業務に従事させる。

A 458 □□

KPIとは、企業目標やビジネス戦略を実現するために設定した具体的な業務プロセスをモニタリングするために設定される指標（業績評価指標）のことで、個人情報保護管理とは関係ない。 ×

A 459 □□

モニタリングの目的には、ルール違反を発見することだけでなく、「第三者に見られている」との意識を従業者にもたせることにより、違反を予防することも含まれ、実施の事実等を秘匿すべきではない。また、従業者が必要以上に萎縮したり不満を抱いたりしないよう、実施の事実やその開始時期は秘匿するのでなく、通知する必要がある。 ×

A 460 □□

個人情報取扱事業者の組織内にあって直接間接に事業者の指揮監督を受けて事業者の業務に従事している従業者には、派遣社員等も含まれる。企業が派遣社員を受け入れる際には、派遣元企業と労働者派遣契約とともに非開示契約を締結した後、派遣社員を受け入れて業務に従事させる。 ○

Q 461 □□【予想】

派遣社員に誓約書の提出を求める場合、派遣社員の自宅住所などの連絡先は、労働者派遣法が規定する「派遣元が派遣先に通知すべき事項」の範囲に含まれるため、誓約書への記入を義務づける必要がある。

★ **Q 462** □□【過去】

派遣社員によっては、派遣期間終了後における情報漏えいも考えられるため、非開示契約は、派遣期間終了後も有効である旨を契約書に明記する必要がある。

Q 463 □□【過去】

契約社員や嘱託社員についても、個人情報の安全管理の監督に関する基本的な考え方は正社員と同じであり、個人情報保護の教育を徹底する必要がある。

★★ **Q 464** □□【過去】

個人情報の取扱いを他社に依頼する場合、委託元は委託先を監督する責任を負う。個人情報保護法で義務づけられてはいないが、各種ガイドラインに基づき、従業者の監督と同様に、委託先の監督を実施する。

A 461 □□

派遣社員の自宅住所などの連絡先は、労働者派遣法35条が規定する「派遣元が派遣先に通知すべき事項」に含まれない。 ×

A 462 □□

派遣社員について、派遣期間終了後における情報漏えいが考えられることは、正社員等が退職した場合と同じである。したがって、派遣元企業との間の非開示契約は、派遣期間終了後も有効である旨を契約書に明記する必要がある。 ○

A 463 □□

一般に契約社員や嘱託社員は、正社員と異なり、雇用期間が短く、重要な職務を担当することも少ないとされるが、個人情報の 安全管理の監督に関しては、基本的に正社員と 同様に考えるべきであり、個人情報保護の教育を徹底する必要がある。 ○

A 464 □□

個人情報の取扱いを他社に依頼する場合、委託元は委託先を監督する責任を負う。委託先の監督は、個人情報保護法で義務づけられており（法25条）、個人情報取扱事業者は、自らが講ずべき安全管理措置と同等の措置が講じられるよう、監督を行うものとされている（通則ガイドライン）。 ×

★ Q465 □□【予想】

委託先の選定に当たっては、委託先の安全管理措置が、少なくとも個人情報保護法23条で求められるものと同等であることを確認するため、組織的安全管理措置、人的安全管理措置、物理的安全管理措置、技術的安全管理措置の各項目が、委託する業務内容に沿って、確実に実施されることについて、あらかじめ確認しなければならない。

Q466 □□【過去】

委託先選定基準の評価項目に関して、情報セキュリティ認証においては、ISMSやプライバシーマークなどの認証取得の有無を評価するが、認証取得を必ずしも絶対条件にする必要はない。

Q467 □□【過去】

委託先選定基準の評価項目のうち、セキュリティ事故履歴においては、過去のセキュリティ関連事故の有無を評価する。ただし、事故歴がある場合は、選定基準から無条件に除外する必要がある。

★ Q468 □□【過去】

個人情報を預ける委託先はもちろんのこと、個人情報を保有する建物などに立ち入ったり個人情報を取り扱う情報システムにアクセスしたりする可能性のある委託先についても、非開示契約を締結すべきである。

A 465 □□

委託先の選定に当たっては、委託先の安全管理措置が、少なくとも個人情報保護法23条で求められるものと同等であることを確認するため、ⅰ）組織的安全管理措置、ⅱ）人的安全管理措置、ⅲ）物理的安全管理措置、ⅳ）技術的安全管理措置の各項目が、委託する業務内容に沿って、確実に実施されることについて、あらかじめ確認しなければならない。 ○

A 466 □□

情報セキュリティ認証においては、ISMSやプライバシーマークなどの認証取得の有無が委託先選定基準の評価項目となるが、認証取得を必ずしも絶対条件にする必要はない。 ○

A 467 □□

委託先選定基準の評価項目に関して、過去のセキュリティ関連事故の有無が評価されるが、事故歴があっても選定基準から無条件に除外する必要はなく、再発防止策が施されている場合は、それについても評価する。 ×

A 468 □□

個人情報に触れる可能性のある業務を委託する際には、個人情報の厳重管理を口頭で伝えるだけではなく、委託先が法人・個人であるかを問わず、非開示契約を締結し、委託先への監督権限や損害賠償の可能性を担保すべきである。 ○

Q 469 □□【予想】

委託先が別の委託先にやむを得ず再委託する場合は、再委託を行うに当たって、事前に委託元から書面で許可をもらう必要があり、この際委託元の事前の許可があったとしても、委託先は再委託先の監督責任を負うこととすべきである。

★ Q 470 □□【予想】

委託先に引き渡す個人情報の項目は、必要最小限にとどめ、個人情報の受け渡しの際には、個人情報資料受領書を交わして記録を残すことが望ましい。また、業務結果の問い合わせをする場合を考慮し、委託業務終了後も一定期間は、個人情報を委託先に残し、その後使用を終了した個人情報を返却または廃棄させることが望ましい。

★★ Q 471 □□【過去】

委託先に再委託を許可する場合でも、委託先選定基準に則って再委託先を評価し、個人情報の安全管理に問題がある事業者に個人情報が預託されないようにする必要がある。

Q 472 □□【過去】

委託先の個人情報安全管理に関する監査について、委託元や監査会社が立ち入り監査することは禁じられているため、定期的に委託先に監査結果を報告させ、問題があれば改善を促す必要がある。

A 469 □□

委託先が個人情報に関する業務を再委託する場合には、再委託について事前に委託元から書面で許可を得なければならず、事前の許可を得ていても、委託先は再委託先の監督責任を負うものと定めるべきである。 ○

A 470 □□

委託業務が終了した後には、個人情報が委託先に残らないように、個人情報は速やかに返却または廃棄させることによって、個人情報の漏えいを防ぐ必要がある（法22条参照)。なお、委託中は定期的な監査や評価を行い、必要があれば改善を促したり、契約の見直しを行う。 ×

A 471 □□

再委託の場合でも、委託先選定基準に則って再委託先を評価し、個人情報の安全管理に問題がある事業者に個人情報が預託されないようにする必要がある。 ○

A 472 □□

委託先の監査には、委託元または監査会社が立ち入り監査する方法と、委託先に監査結果を報告させる方法とがある。委託先の個人情報安全管理に関する監査を定期的に実施し、問題があれば改善を促す必要がある。 ×

7 苦情・違反・事故への対応

★ Q 473 □□【予想】

個人情報に関し、法違反・事故の事実または兆候に気づいた場合の報告ルールの策定、および従業者への周知・教育体制の整備をするに当たり、報告ルールについては企業内で統一し、報告の経路も一本化する必要がある。

★ Q 474 □□【予想】

個人情報漏えい事故の報告を受けたら、まず、漏えいした個人情報の件数や項目、二次被害の有無などの事実確認をすることが必要である。仮に、事故の経緯や原因が不明な場合には、事故発生の公表を急がずに、被害者や加害者に事情聴取をするなど、必ず調査を先行させるべきである。

Q 475 □□【過去】

個人情報漏えい事故に事件性がある場合は、むやみに先んじて行動せず、被害者から被害届が出されてから関係各署からの指示を受けて、事故発生の事実と経緯を報告する必要がある。

★ Q 476 □□【過去】

事故発生時には、個人情報漏えいによって被害を受ける可能性のある人を速やかに特定及び公表し、謝罪するとともに、犯罪行為に巻き込まれないように注意を促す必要がある。

A 473 □□

上司が規程に違反している場合などは、一本化した経路では速やかに代表者に報告が伝わらない。情報管理責任者などに直接報告する手段を設けるなど、報告経路は複線化するべきである。 ×

A 474 □□

個人情報漏えい事故が生じた場合、公表が遅れることで事態が深刻化することがあるので、速やかに、事実確認をするとともに、事故の経緯や原因が不明であっても、その時点で判明している事実をいったん公表すべきである。 ×

A 475 □□

個人情報漏えい事故に事件性がある場合は、被害届を警察に提出すると同時に、個人情報保護委員会や事業所管大臣などの関係機関に、事故発生の事実と経緯を報告する必要がある。 ×

A 476 □□

事故発生時には、個人情報漏えいによって被害を受ける可能性のある人を公表する行為は、逆に個人情報漏えいにつながる可能性があるため、すべきではない。 ×

Q477 □□【過去】

個人情報漏えい事故の応急処置が済んだ後は、漏えいルートやチェック機能の欠陥などを洗い出し、事故の再発を防止する仕組みを構築する必要がある。

★★ Q478 □□【過去】

個人情報取扱事業者は、自己の業務の適正な実施に、著しい支障を及ぼすおそれがある場合でも、保有個人データの本人からの開示請求に対して遅滞なく対応する必要がある。

Q479 □□【予想】

個人情報保護法には、保有個人データの本人からの開示請求に対する遅滞ない開示が規定されており、本人または第三者の生命、身体、財産その他の権利利益を害するおそれがある場合であっても、開示しなければならない。

Q480 □□【予想】

個人情報取扱事業者である企業は、保有個人データの開示請求に備えて対応手順を策定し、開示請求手続と手数料を定めた場合、これらを本人の知り得る状態に置かなければならない。

A 477 □□

個人情報漏えい事故が起きた場合、まずは応急処置を済ませ、その後、漏えいルートやチェック機能の欠陥などを洗い出し、事故の再発防止のための仕組みを構築する必要がある。 ○

A 478 □□

個人情報取扱事業者は、本人から、保有個人データの開示を請求されたときであっても、自己の業務の適正な実施に著しい支障を及ぼすおそれがある場合は、その全部または一部を開示しなくてもよい（法33条２項２号）。 ×

A 479 □□

個人情報保護法には、保有個人データの本人からの開示請求に対する遅滞ない開示が規定されているが、本人または第三者の生命、身体、財産その他の権利利益を害するおそれがある場合は、開示しなくてもよい（法33条２項１号）。 ×

A 480 □□

個人情報取扱事業者は、保有個人データの開示請求に備えて対応手順を策定し、開示請求手続（法37条）と手数料（法38条）を定めた場合、これらを本人の知り得る状態に置かなければならない（法32条１項３号）。 ○

実践トライ!!

組織的・人的セキュリティ(1)

問題

一般的な個人情報保護の推進体制の一例として、下図の（　　）に入る適切な用語の組合せを、**ア**～**エ**で答えなさい。

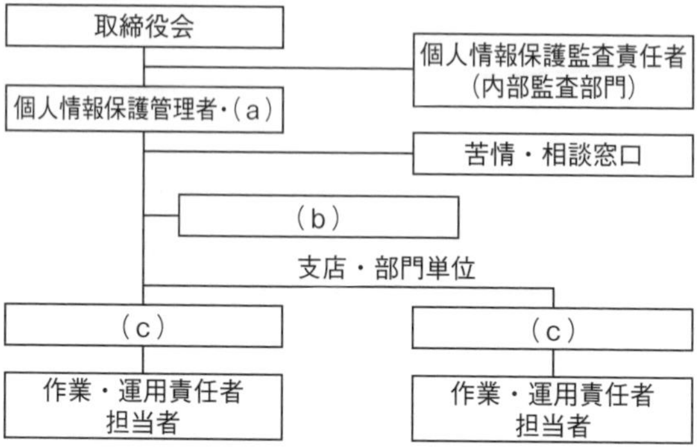

ア　a．個人情報管理委員会　b．事務局
c．情報管理責任者

イ　a．個人情報管理委員会　b．情報管理責任者
c．事務局

ウ　a．事務局　b．個人情報管理委員会
c．情報管理責任者

エ　a．事務局　b．情報管理責任者
c．個人情報管理委員会

解説

個人情報保護の推進体制として、一般的に次の図のような組織が考えられる。

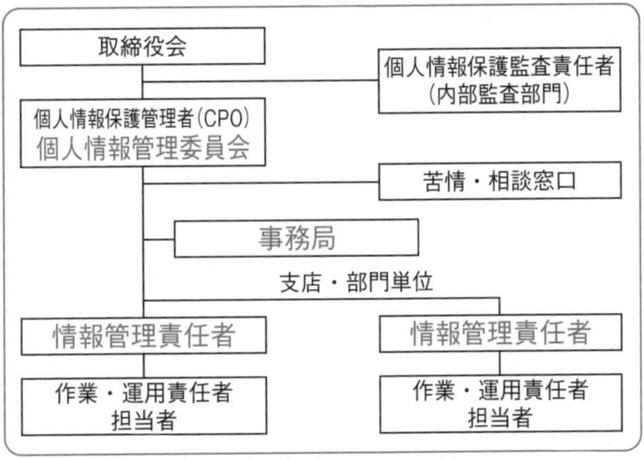

このうち、個人情報管理委員会は、一般に次のような責務を負うものとされている。

- 各部門・職務の役割、責任、権限の決定と任命
- 個人情報保護方針の策定と規程の承認
- 個人情報保護対策に必要な経営資源の手配
- 個人情報保護体制の定期的なレビュー
- 問題の是正、予防処置の方針決定と実施のレビュー

解答 ア

組織的・人的セキュリティ(2)

問題

個人情報保護監査の流れとして、下図の（　　　）に入る最も適切な用語の組合せを、**ア**～**エ**で答えなさい。

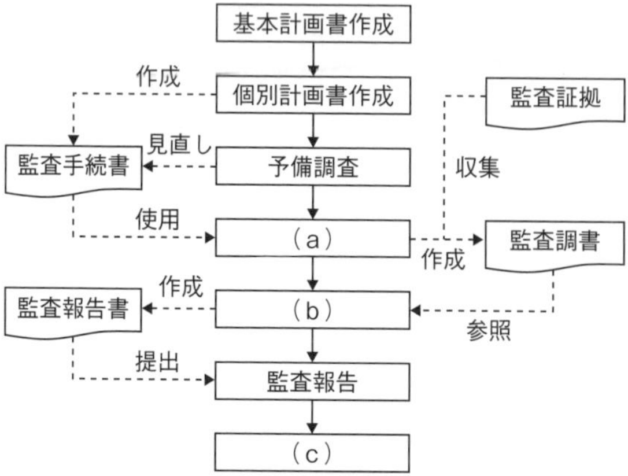

ア　a．評価・結論　　b．フォローアップ
　c．本調査

イ　a．評価・結論　　b．本調査
　c．フォローアップ

ウ　a．本調査　　b．評価・結論
　c．フォローアップ

エ　a．本調査　　b．フォローアップ
　c．評価・結論

解説

個人情報保護監査の一般的な流れを図示すると、次のとおりとなる。

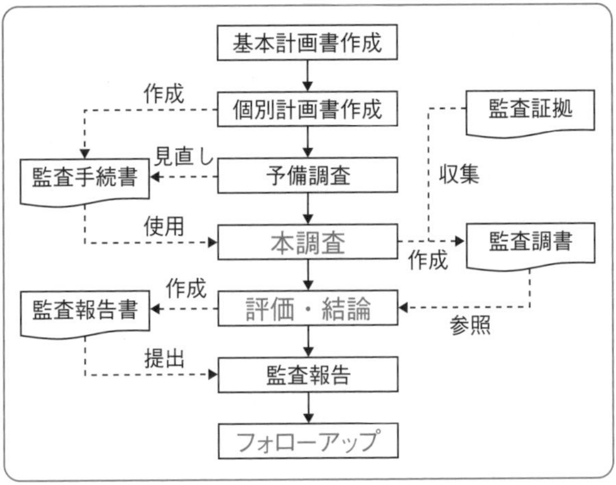

個人情報保護監査の流れは、次の３段階に分けられる。

計画	監査計画書を作成する	①基本計画書
		②個別計画書
実施	監査を実施し、その内容を評価する	①予備調査
		②本調査
		③評価・結論
報告	監査意見をまとめた監査報告書を作成し代表者に報告する	①監査報告 ②フォローアップ

解答　ウ

実践トライ!!

組織的・人的セキュリティ(3)

問題

苦情対応プロセスにおいて、下図の（　　　）に入る最も適切な用語の組合せを、**ア**～**エ**で答えなさい。

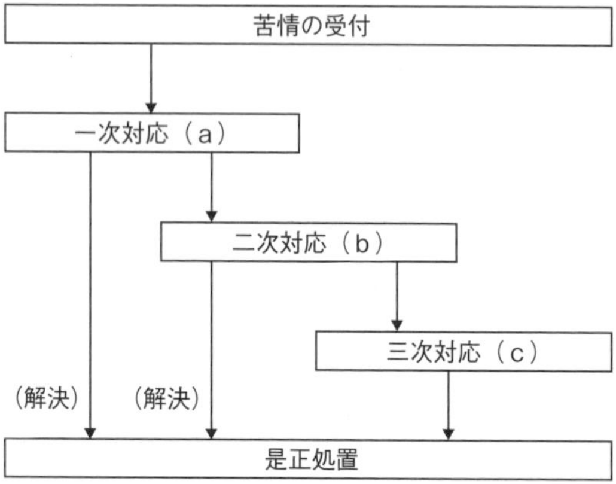

ア　a．苦情・相談窓口　b．個人情報取扱い部門
c．事務局

イ　a．苦情・相談窓口　b．事務局
c．個人情報取扱い部門

ウ　a．事務局　b．個人情報取扱い部門
c．苦情・相談窓口

エ　a．事務局　b．苦情・相談窓口
c．個人情報取扱い部門

解説

苦情対応には、３つの段階があり、そのプロセスは、次の図のとおりである。

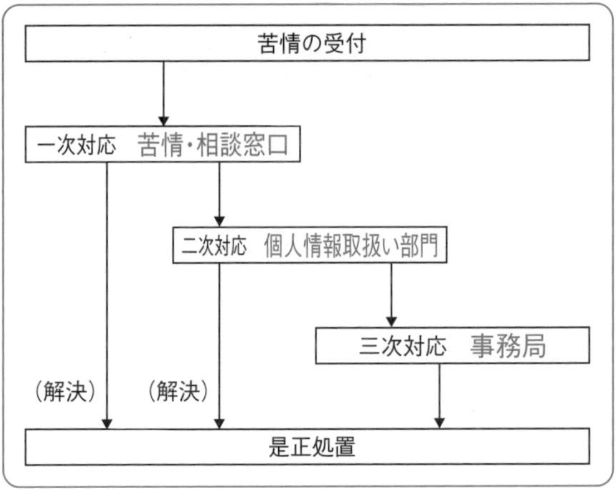

なお、苦情対応プロセスにかかわる部門と各部門の役割は、次のとおりである。

プロセス	部門	役割
苦情の受付	苦情・相談窓口	個人情報に関する苦情を外部または従業者から受け付ける。
苦情対応	苦情・相談窓口	苦情に第一次的に対応する部門。
	個人情報取扱い部門	苦情に第二次的に対応する部門。
	事務局	苦情に最終的に対応する部門。 苦情対応プロセスを運用・監視し、各部門の個人情報取扱い業務の改善をとりまとめる。
是正処置	個人情報管理委員会	苦情対応プロセスの策定・評価・見直しをする。

解答　ア

POINTマスター

組織的・人的セキュリティ

40 個人情報保護の推進体制における各部門の役割

個人情報保護管理者（CPO）	個人情報保護の最高責任者として、個人情報保護方針および個人情報管理規程の策定、運用、改善を実施する。個人情報保護対策の要であるため、役員が就任することが望ましい。
個人情報管理委員会	個人情報保護の推進を組織として継続的に取り組むための意思決定機関である。個人情報保護管理者のもとに、各部門・職務の役割、責任、権限の決定と任命から、個人情報保護に関する問題の是正、予防処置の方針決定と実施のレビューなどの責務を負う。 営業や総務、人事など、実際の業務に熟知した人材を中心に部門横断的に招集されるべきであり、また、組織内においては、公式の部門として位置づけられなければならない。
個人情報保護監査責任者	個人情報保護管理者や個人情報管理委員会から独立した立場で、個人情報保護の推進体制の実効性をチェックする重要な役割を持つ。
事務局	個人情報保護の推進に関する組織内の調整機関として、個人情報管理規程の策定、従業者への周知･教育、運用、見直しなどの実務を行う。
個人情報の苦情・相談窓口	顧客や従業者などからの個人情報に関する問合せや苦情などを受け付ける窓口である。
情報管理責任者（支店・部門単位）	個人データの取扱いに際しては、支店または部門ごとに**情報管理責任者**を設置し、その役割と責任を明確化する。**情報管理責任者**は、個人情報保護対策を現場の各従業者に徹底する重要な役割を担うため、支店長または部門長が就任することが望ましい。
作業責任者・運用責任者	取得・入力、移送・送信、利用・加工、保管・バックアップ、消去・廃棄など、個人データを取り扱う担当者である**作業責任者**を設置する。 個人データをデータベースとして管理したり、検索機能を提供する情報システムについては、**運用責任者**を設置し、システム管理者も含めて限定する。

41 規程文書の体系－ピラミッド型文書体系

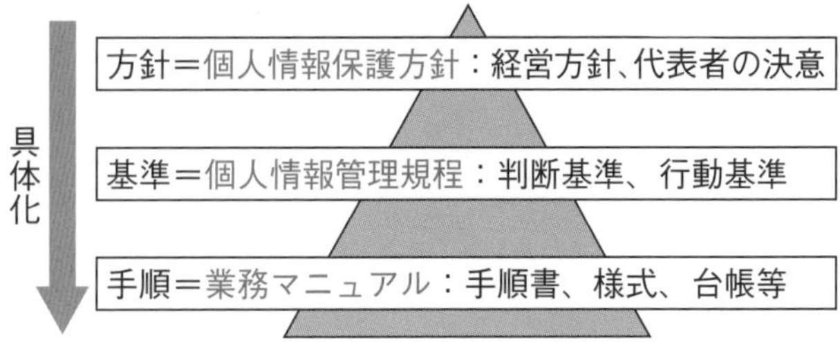

42 個人情報の特定と管理における手続の流れ

①個人情報取扱い手順書の作成	個人情報管理規程を基準として、個人情報の分類体系、個人情報の取扱方法、個人情報管理台帳の作成方法、表記方法という項目に従って作成する。
②個人情報の棚卸し	各部門の情報管理責任者が中心となり、個人情報取扱い手順書で策定した棚卸実施手順に沿って個人情報を洗い出し、個人情報調査票に記入していく。
③個人情報管理台帳の作成	整理・分類した個人情報を手順書に則って個人情報管理台帳に登録し、保管ファイルなどに管理レベルの表記を行う。

43 情報のＣＩＡ（個人情報の管理レベルを策定する視点）

要素	内容
機密性(Confidentiality)	個人情報が漏えいした場合の影響度
完全性(Integrity)	個人情報の正確性が失われた場合の影響度
可用性(Availability)	個人情報が利用できない場合の影響度

44 監督の対象となる従業者の範囲

従業者とは、個人情報取扱事業者の組織内にあって、直接または間接的に事業者の指揮監督を受けて事業者の業務に従事している者等をいう（通則ガイドライン）。		
範囲	従業員	正社員、契約社員、嘱託社員、パートタイマー、アルバイト
	役員	取締役、執行役、監査役、理事、監事
	その他	派遣社員

45 従業者への教育の例

区分	内容
法律やルールを遵守する重要性と利点	・個人情報を保護する目的 ・個人情報保護法およびガイドラインの内容 ・ルール遵守と漏えい事故予防との因果関係
個人情報保護に対する従業者の役割と責任	・個人情報保護の組織体制 ・各役職に与えられた責任と権限 ・システム管理者の役割と責任 ・ユーザの責務および業務上の注意点、ケーススタディ
規程違反によって予想される問題	・漏えい事故の事例（原因・件数・損害額など） ・規程違反によって起きる結果のシミュレーションやロールプレイング

46 派遣社員・派遣元企業・派遣先企業の関係

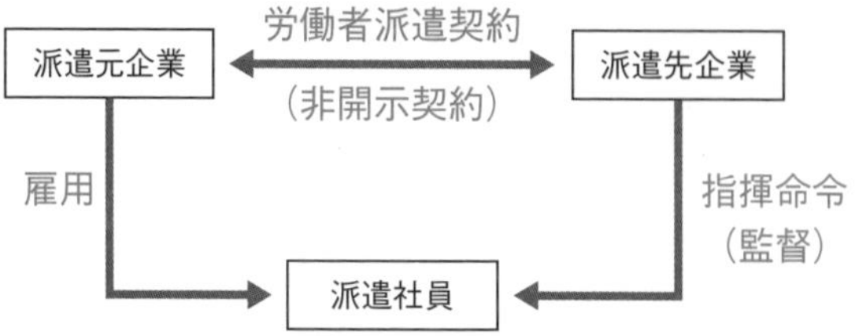

47 苦情対応プロセスの部門

部門	内容
個人情報管理委員会	苦情対応プロセスの策定・評価・見直しをする。
事務局	苦情対応プロセスを運用・監視し、各部門の個人情報取扱い業務の改善をとりまとめる。
個人情報の苦情・相談窓口	個人情報に関する苦情を外部または従業者から受け付ける。

48 事故発生時の届出先とその役割

届出先	役割
個人情報保護委員会	個人情報保護委員会は、内閣総理大臣の所管。 個人情報取扱事業者に対し、個人情報等の取扱いに関する報告の徴収・立入検査・指導・助言・勧告・命令を行う。
認定個人情報保護団体	個人情報保護委員会が認定する団体。 個人情報等の取扱いに関する苦情の処理を行い、必要があれば対象事業者に説明・資料提出を求める。また、個人情報等の適正な取扱いの確保に寄与する事項についての、対象事業者に対する情報の提供等を行う。
情報処理推進機構セキュリティセンター(IPA/ISEC)	被害の拡大と再発を防止し、情報セキュリティ対策を普及させるために、経済産業省の告示に基づき、コンピュータウイルス・不正アクセス・ぜい弱性情報に関する発見・被害の届出を受け付けている。
JPCERTコーディネーションセンター	インターネットに関するセキュリティ問題への対応支援と情報公開を実施するために、問題発生の届出を受け付けている。

対策 オフィスセキュリティ

1 入退出管理

Q481 □□【過去】

セキュリティ区画の設定・管理方法に関し、オープンエリアは、業務時間中に訪問者などが立ち入ることができるエリアである。受付や打合せコーナーなどがあり、警備員などによる監視を行う。また、訪問者への対応を速やかに行うため、個人情報などの印刷を行うプリンターやFAXなどを受付に設置する。

★★
Q482 □□【過去】

セキュリティ区画において、パーティショニングとは、守るべき情報の重要性に応じて、情報の置き場所を分けることである。各エリアの境界をドアや壁などで物理的に区分けして、そのエリアへ入室できる人を制限する必要がある。

★
Q483 □□【予想】

重要な情報や大量のデータを取り扱う事業者においては、スマートフォンをはじめ私物などのセキュリティエリアへの持込みを禁止し、さらに、持ち物検査を行うことが望ましい。

オフィスセキュリティについては、常識的に考えれば解けると感じられる問題が比較的多いといえますが、情報管理の技術的進歩には注意しておきましょう。

A 481 □□

オープンエリアには、受付や打合せコーナーなどがあり、業務時間中に訪問者などが立ち入ることができるエリアである。警備員などによる監視を行うとともに、情報漏えいが発生しないよう、個人情報などの印刷を行うプリンターやFAXなどは、受付に設置しないよう注意する必要がある。 ×

A 482 □□

本問は、「パーティショニング」ではなく、「ゾーニング」の説明である。ゾーニングされた各エリア間の通過には、許可された人しか出入りできないように、警備員による監視、IDカードや暗証番号を利用した入退出装置などの通過を義務づけるようにする。 ×

A 483 □□

私物の持込み禁止、持ち物検査のほか、セキュリティエリア内のコンピュータなどについては、USBメモリを使えなくすることや、その他の外部出力機器を使えないようにするなどの措置をとることも必要である。 ○

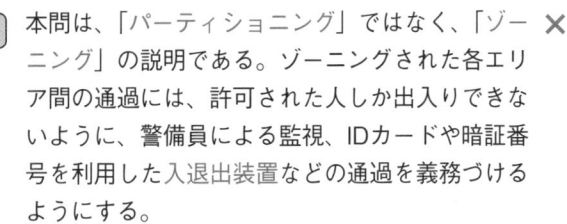

Q 484 □□【予想】

運送会社など、第三者との物品の受け渡し場所は、管理された特定の場所に限定し、必ず社員の監視のもとに受け渡しを行い、危険物の持ち込みや情報漏えいがないかを点検する。

★★ Q 485 □□【予想】

オープンエリアは警備員等によって監視が行われる。セキュリティエリアはIDカード等によって入室制限を行ったり、社員同士が相互監視を行う。また高度なセキュリティエリアもIDカード等によって入室制限を行うが、第三者がこのエリアに入る場合は、許可された社員の立会いのもとに作業をさせる等によって、より厳重に管理する。

★ Q 486 □□【過去】

入退室管理などの際に用いるIDカードを忘れた場合は、事前に準備した代替のカードを貸与することが望ましい。その際、代替カードは、翌日以降、本人が自身のIDカードを持参した際に確実に回収する必要がある。

Q 487 □□【予想】

IDカードを紛失した場合は、所定の紛失届を提出させて再発行する。また、以前のIDカードは無効にするが、後日発見された場合は使用できるようにする。IDカードを破損した場合は、所定の申請書を提出させて再発行し、破損した現物と交換する。

A 484 □□

運送会社など、第三者との物品の受け渡し場所は、受け渡しコーナーを設置するなど、管理された特定の場所に限定し、必ず社員の監視のもとに受け渡しを行い、危険物の持ち込みや情報漏えいがないかを点検する。 ○

A 485 □□

オフィスレイアウトに関しては、受付や打合せコーナー等があるオープンエリア、一般的なオフィススペース等があるセキュリティエリア、役員室やサーバルーム等がある高度なセキュリティエリアという区分けがなされる。それぞれのエリアに応じた入退出管理を行う必要がある。 ○

A 486 □□

入退室管理などの際に用いるIDカードを忘れた場合は、事前に準備した代替のカードを貸与することが望ましい。その際、代替カードは、その日しか使用できないカードとし、退室時に確実に回収する必要がある。 ×

A 487 □□

紛失したIDカードは、新カードの発行後は即刻無効とし、使用できないようにする。 ×

Q 488
□□
【予想】

オフィスでの常駐業者や清掃業者、その他の協力会社などが、日常的にセキュリティエリアに立ち入る場合、安全管理に関する事項を盛り込んだ契約を取り交わし、IDカードを発行するのが望ましい。

Q 489
□□
【予想】

外部からの訪問者のIDカードは、オープンエリアからセキュリティエリアおよび高度なセキュリティエリアへの入退室用として1枚に統一し、複数枚を作成することによる事務処理および管理の煩雑さを軽減することが望ましい。

★★
Q 490
□□
【過去】

オフィスの入退室に関して、少なくとも部外者に対する入退室の記録をとる必要があり、その受付は有人であることが望ましい。その際、入退室の記録帳には、入退出者の氏名や訪問先などの個人情報が記載されているため、情報漏えいのリスクに備え、すぐに廃棄処分とすることが望ましい。

Q 491
□□
【予想】

来訪者が入退室記録帳に記録する項目の例として、日付、入退室時刻、来訪者の会社名および氏名、訪問先、訪問概要、仮カード番号等が挙げられる。

A 488 □□ ○

オフィスでの常駐業者や清掃業者、その他の協力会社などが、日常的にセキュリティエリアに立ち入る場合、安全管理に関する事項を盛り込んだ契約を取り交わし、IDカードを発行するのが望ましい。

A 489 □□ ×

外部からの訪問者のIDカードについては、高度なセキュリティエリアへの入室を許可すべきではなく、オープンエリアからセキュリティエリアへの入退室用とすべきである。高度なセキュリティエリアへは、別途入退室用のIDカードを発行し、入退室管理を一層厳しくするべきである。

A 490 □□ ×

入退室の記録帳は単票形式を採用し、記録時に他の入退出者情報を見ることができない状態になっていることが望ましい。入退室の記録帳には、入退出者の氏名や訪問先などの個人情報が記載されているため、情報漏えいのリスクに備え、その管理には十分に注意し、すぐに廃棄処分とせず、一定期間は保管しておく必要がある。

A 491 □□ ○

入退室記録帳に記録すべき項目として、日付、入退室時刻、来訪者の会社名・氏名、訪問先、訪問概要、仮カード番号等がある。

★
Q 492 □□【予想】

ゾーニングされた各エリア間の移動について、オープンエリアとセキュリティエリアの間には、フラッパーゲートを導入するのが効果的である。導入することによって、入退室を記録したり、先導者を利用した認証なしの伴連れ入室を避けることが可能となる。

Q 493 □□【予想】

セキュリティエリアから高度なセキュリティエリアへの移動には、許可された従業者以外は、オープンエリアからセキュリティエリアへ移動する際に入退室手続をしていても、再度、入退室の手続をする必要がある。さらに、高度なセキュリティエリアには、不審者の侵入を抑制する監視モニタを設置するとよい。

★★
Q 494 □□【過去】

サーバルームでのサーバの保守点検作業など、高度なセキュリティエリアでの作業は、作業者の氏名や生年月日、住所、電話番号などの個人情報を事前登録し、作業者が単独で作業を行うことが望ましい。

★★
Q 495 □□【予想】

セキュリティエリアへの入退室管理に際しては、オープンドアポリシーを導入すると効果的である。これは、社員証などのカードを読み取り、登録されている人だけが通過できるもので、入退室を記録したり、伴連れ入室を避けることができる。

A 492 □□ ○

フラッパーゲートは、駅の自動改札と同じように、社員IDカードなどの情報を読み取り、登録内容や権限レベルによって物理的に通過の可否を作動させるものである。これを導入することによって、入退室を記録したり、認証なしの伴《とも》連《づ》れ入室を避けることができるなどの効果が期待できる。

A 493 □□ ○

サーバルームなどの高度なセキュリティエリアで、通常は無人の場所には、センサー連動で侵入者を感知、警告、追跡、録画する監視モニタなどを設置することが望ましい。

A 494 □□ ×

サーバルームでのサーバの保守点検作業など、高度なセキュリティエリアでの作業は、作業者の氏名、持込書類、器具を事前登録し、作業者単独ではなく、社員の立会いのもとで作業を行うことが望ましい。

A 495 □□ ×

本問は、オープンドアポリシーではなく、フラッパーゲートの説明である。情報セキュリティの観点におけるオープンドアポリシーとは、何らかの方法で侵入した不審者が隠れないように、普段使わない会議室などのドアを開放しておくことである。

★

Q 496 □□【予想】

磁気カード式入退出管理装置は、システムの導入や媒体の発行管理が簡単で、比較的広く普及しているが、記録できる情報量が少なく、偽造や紛失、盗難のリスクがあるという特徴がある。

2 オフィス内の保護対策

Q 497 □□【過去】

オフィス内の保護対策のうち、DRY原則とは、机の周りをきれいにするという、整理整頓の基本精神である。例えば、業務時間中は、使用していない書類や電子媒体などを机上に放置せず、施錠管理できるロッカーに保管する。また、一定時間以上にわたって席を離れる場合には、机上の書類は引出しに保管するか、裏返しにする。

★

Q 498 □□【予想】

パソコンに標準的に導入するソフトウェアは、部署ごとに統一し、業務上やむを得ずフリーソフトウェアのインストールが必要になった場合には、部署ごとの責任と判断のもとで、任意にインストールを許可する。

★★

Q 499 □□【過去】

パソコンの使用中に席を離れる場合は、表示している内容の盗み見や、パソコンを他人に使用されないように、パスワード付きのスクリーンセーバーを起動し、一定時間が経てば画面をロックする設定にしておく。

A 496 □□ ○

磁気カード式入退出管理装置は、権限者の登録や抹消などの管理が容易であり、広く普及しているが、ICカードに比べ記録できる情報量が少なく、偽造や紛失、盗難のリスクがある。また接触式であるため、磨耗などによる劣化に弱い。

A 497 □□ ×

机の周りをきれいにするという、整理整頓の基本精神をクリアデスクポリシーという。例えば、業務時間中は、使用していない書類や電子媒体などを机上に放置せず、施錠管理できるロッカーに保管する。また、一定時間以上にわたって席を離れる場合には、机上の書類は引出しに保管するか、裏返しにする等の対策がとられる。

A 498 □□ ×

標準的に導入するソフトウェアは、部署ごとではなく全社的に統一しなければならない。また、業務上やむを得ずフリーソフトウェアのインストールが必要になった場合には、情報システム部門の判断と責任者の承認後にインストールすることを義務づける必要がある。

A 499 □□ ○

本問は、個人情報漏えいに対するパソコンの管理の一方法である、クリアスクリーンポリシーの具体例である。

★
Q 500 □□【過去】

オフィス内のパソコン管理に関して、ノートパソコンを使わない場合は、鍵つきのキャビネットなどに保管するか、盗難防止用のセキュリティワイヤーを使ってロックする。セキュリティワイヤーを接続するために、ノートパソコンには、米国ケンジントン社が提唱した規格を採用した、セキュリティスロットが付属されている場合が多い。

★★
Q 501 □□【予想】

オフィス内での電子媒体の取扱いに関して、USBメモリ等の電子媒体はオフィスに持ち込みやすく、大量の個人情報を持ち出されるリスクを考慮しなければならないため、原則としてオフィス内には個人所有のUSBメモリ等の電子媒体の持込みや使用を禁止しなければならない。

Q 502 □□【予想】

USBメモリによるウイルス感染を防ぐためには、USB自動実行機能の無効化、OSセキュリティの更新、ウイルス対策ソフトの導入と定義ファイルの最新化、管理していないUSBメモリの接続禁止などの対策が必要である。

Q 503 □□【予想】

USBメモリから感染するタイプのウイルスは、パソコンに感染し、システム全体に影響を及ぼすだけでなく、他のUSBメモリにウイルスをコピーし、被害を拡大させることがある。

A 500 □□

ノートパソコンは、社外に持ち出しやすく、盗難のリスクが高いことを考慮してセキュリティ対策をとる必要がある。ノートパソコンを使わない場合は、鍵つきのキャビネットなどに保管するか、盗難防止用のセキュリティワイヤーを使ってロックする。 ○

A 501 □□

機密情報を取り扱うエリアにおいては、USBメモリ等の電子媒体の持込み・持出しだけでなく、かばんや大きな袋等、書類や電子媒体を持ち運べるものも、持込み・持出しの禁止対象とする。例外的に個人所有の電子媒体を使用する場合には、管理簿を作成し、持込み・持出し記録を残す必要がある。 ○

A 502 □□

USBメモリによるウイルス感染を防ぐためには、ｉ）USB自動実行機能の無効化、ⅱ）OSセキュリティの更新、ⅲ）ウイルス対策ソフトの導入と定義ファイルの最新化、ⅳ）管理していないUSBメモリの接続禁止、などの対策が必要である。 ○

A 503 □□

USBメモリから感染するタイプのウイルスは、パソコンに感染し、システム全体に影響を及ぼすだけでなく、他のUSBメモリにウイルスをコピーし、被害を拡大させることがあり、このようなウイルスに感染すると、パソコンに保存している情報が漏えいする被害が発生する。 ○

Q 504
□□
【予想】

電子媒体に記録された個人情報の完全性および可用性を維持するため、手順や頻度などの実施方法を定め定期的にバックアップを実施する必要がある。

Q 505
□□
【予想】

個人情報の完全性及び可用性を維持するため、バックアップデータは暗号化しておき、迅速に復元ができるようにテストを行う。なお、DATなどのバックアップ媒体は、特定の場所に集中させて保管し、輸送経路上で盗難や紛失が発生しないよう注意する。

★
Q 506
□□
【予想】

個人情報が記載されている文書、使用していないパソコン、システム操作マニュアル、情報システムの設置状況が記載されている文書などは、施錠管理のできるロッカーに保管し、その鍵は責任者が管理する。そして関係者のみが利用できるようにするのが望ましい。

★
Q 507
□□
【予想】

クリアデスクポリシーの具体例として、業務時間中は使用していない書類や電子媒体等を机上に放置せず、施錠管理できるロッカー等に保管することや、決裁書や申請書等の重要書類の回付に際して、不在者には机上に裏返しておくことなどが挙げられる。

A 504 □□ 電子媒体の管理に関して、電子媒体に記録された個人情報の完全性および可用性を維持するため、手順や頻度などの実施方法を定め定期的にバックアップを実施する必要がある。 ○

A 505 □□ 個人情報の完全性および可用性を維持するため、バックアップデータは暗号化しておき、迅速に復元できるようにテストを行う。なお、DATなどのバックアップ媒体は、一箇所に集中しないように保管し、輸送経路上で盗難や紛失が発生しないよう注意する。 ×

A 506 □□ ロッカー内にある個人情報が記載されている文書は、原則持出し禁止とする。持ち出す場合には、管理責任者の許可を得て、個人情報閲覧記録帳に必要事項を記録しなければならないこととする。 ○

A 507 □□ 重要書類の回付については、在席者には手渡しで行い、不在者には改めて在席時に手渡すようにする。机上に裏返しておくと、他者に盗み見られたり、盗難に遭ったりする可能性があるからである。 ×

★★
Q508 □□【予想】
業務時間中であっても、一定時間以上にわたって席を離れる場合には、使用していた書類は引出しに保管し、業務時間終了後は、すべての書類や磁気記録媒体、ノートパソコンなどを机上などに放置せず、施錠管理できるロッカーに保管することが必要である。

Q509 □□【予想】
FAX受信側は、受信トレーなどに受信した文書を放置せず、速やかに担当者が受け取りに行く。その際、自分宛てではない受信文書がトレーに残されていた場合、見てはいけない重要文書の可能性もあるので、そのままにしておく。

Q510 □□【過去】
社内で利用するコピー機は、第三者に使用されて個人情報が持ち出されないように、暗証番号やIDカードなどで利用制限をかける。また、やむを得ず、個人情報などの重要な内容をFAX送信する場合、FAX送信側は、宛先を間違えないように注意して送信し、送信前後に電話にて授受確認を行う。

3 オフィス外の保護対策

★
Q511 □□【予想】
個人情報の受渡しをする際には、手渡しを原則とし、電子メールやFAX、インターネットによる個人情報の受渡しは原則的に行わないようにする。

A 508 □□

一定時間以上にわたって席を離れる場合には、机上の書類は引出しに保管するか、裏返しにしておいたり、決裁書や申請書などの重要書類の回付に際し不在者には、机上に裏返しておくことはせず、在席時に手渡しをするということもクリアデスクポリシーの一つである。 ○

A 509 □□

FAXで送られてきた文書が自分宛てではなくても、速やかに 担当者に配付することが望ましい。そのまま放置しておくのは妥当でない。またFAXを送信した場合は、相手方に着信したかどうかの確認を行う必要がある。 ×

A 510 □□

社内で利用するコピー機については、暗証番号やIDカードなどで利用制限をかけるべきである。また、やむを得ず、重要な内容のFAXを送信する場合、宛先を間違えないように注意して送信し、送信前後に電話で授受確認を行うべきである。 ○

A 511 □□

個人情報の受渡しの方法は、原則として、不透明な封筒に入れ、手渡しとする。例外的に電子メールやFAX、インターネットによって個人情報の受渡しをする場合には、パスワードや暗号化等による保護が必要である。 ○

Q512 □□【過去】

個人情報を送信する際の手段としては、インターネットによるファイルのアップロードは原則的に行わない。例外的にファイルのアップロードをする場合は、ファイルの非可逆圧縮やパスワードによる保護、さらにファイルの容量を制限し、通信帯域の制御を実施しておく。

Q513 □□【予想】

個人情報の輸送対策としては、社員が輸送する場合は施錠できるケースを利用することとする。特に社員が自動車で輸送する場合は、車上荒らしに注意し、個人情報を車内に置いたまま離れないようにする必要がある。

★ **Q514** □□【過去】

運送業者に個人情報の輸送を委託する場合、運送業者の独自の方法で輸送することを禁止し、運送業者が個人情報を適正に取り扱うことができるかどうかを事前に評価する必要がある。

★★ **Q515** □□【過去】

モバイルパソコンでデータを取り扱う場合は、原則的に個人情報をサーバに保管せず、モバイルパソコンに保管する。万が一モバイルパソコンが紛失や盗難にあった場合に個人情報が読み取られないように、BIOSパスワードやログインパスワード、バイオメトリクスなどによる利用者制限を実施しなければならない。

A 512 □□ ×

インターネットによるファイルのアップロードは、原則的に行わない。例外的にファイルのアップロードをする場合は、暗号化やパスワードによる保護、さらに利用者を限定し、アクセス設定を実施しておく。

A 513 □□ ○

個人情報を輸送する際には、本問のような物理的なセキュリティ対策を講じるほか、盗難や紛失などが発生した場合に備えて、個人情報を不正に利用されないように、暗号化やパスワードによる保護などの対策をとる必要がある。

A 514 □□ ○

実際に、運送業者を利用して個人情報の受発送をするときには、受渡しの日付や伝票番号、輸送業者名、輸送担当者名、発信元の社名と担当者名、情報名、数量、媒体の種類を管理簿などに記録し、輸送の責任が運送業者と委託元のどちらにあるのかを明確にする必要がある。

A 515 □□ ×

個人情報は、モバイルパソコンに保管するのではなく、サーバに保管するのが原則である。モバイルパソコンに個人情報などを保管して外出するときは、本問のような利用者制限のほか、ハードディスク全体の暗号化やコピープロテクトなどを施す必要がある。

Q516 □□【予想】

モバイルパソコンを持ち出す際の利用申請書の項目として、必須とされる項目には、申請日・部門名・申請者名・承認者名・持出期間・持出目的・パソコン型番・パソコンOS・IPアドレス・個人情報の有無・セキュリティ対策の実施状況・本体の廃棄基準などがある。

Q517 □□【予想】

モバイルパソコンに個人情報などを保管して外出する場合には、紛失・盗難のリスクに備え、BIOSパスワードなどと連動できる製品を選択することが望ましい。さらに、リモートアクセスを利用する場合には、ワンタイムパスワードや指紋などによる認証を利用し、安全性の高い保護対策を実施しなければならない。

Q518 □□【過去】

業務に利用する端末（スマートフォンや携帯電話など）の管理に関し、盗難や紛失時の状況を把握するため、端末は会社から貸与することが望ましい。個人所有端末を業務利用として認める場合は、個人用データと業務用データの管理を分けるなどの工夫をする。

★ Q519 □□【過去】

リモートアクセスを利用する場合には、生体認証やワンタイムパスワードなどによる認証を利用し、安全性の高い保護対策を実施しなければならない。さらに、リモートアクセスによるサーバへの接続に対しては、情報の重要度に応じてアクセス制限をかけ、アクセス情報のログを残しておくことが重要である。

A 516 □□ ✕

モバイルパソコンを持ち出すに際しては、事前に管理者の承認を受けるようにする。パソコンOS・IPアドレス・本体の廃棄基準は、利用申請書の記載項目として必須ではない。

A 517 □□ ○

モバイルパソコンに個人情報などを保管して外出する場合、紛失・盗難のリスクがあることから、BIOSパスワードなどと連動できる製品が望ましい。さらに、リモートアクセスを利用する場合には、安全性の高い保護対策を実施するため、ワンタイムパスワードや指紋などによる認証を利用する。

A 518 □□ ○

スマートフォンや携帯電話などの端末を業務に利用する場合、盗難や紛失時の状況を把握するため、端末は会社から貸与することが望ましい。個人所有の端末を業務に利用することを認める場合は、個人用データと業務用データの管理を分けるなどの工夫をする。

A 519 □□ ○

リモートアクセスとは、社外から主にインターネットを利用して、社内のメールサーバやファイルサーバ等にアクセスすることである。リモートアクセスによるログインに対しては、情報の重要度に応じて、アクセス制限をかけ、ログイン情報やファイルへのアクセス情報のログを残しておくことが重要である。

Q520 □□【過去】

スマートフォンの情報漏えい対策に関し、アプリケーションは、携帯電話会社が運営するマーケットなどの信用できる場所からインストールする。また、提供元不明のアプリケーションのインストールを許可しない。

4 情報システム設備のガイドライン

Q521 □□【過去】

JIS Q 27002:2014における「物理的及び環境的セキュリティ」に関し、主要な情報処理施設は、一般の人のアクセスが容易となる場所に設置する。なお、建物を示す表示は目立つように設置するが、情報処理活動の存在を示すものは、建物の内外を問わず、一切表示しないこととしている。

Q522 □□【過去】

JIS Q 27002:2014における「物理的及び環境的セキュリティ」に関し、荷物の受渡し場所などの立寄り場所、及び認可されていない者が施設に立ち入ることもあるその他の場所は、管理することが望ましい。また、可能な場合には、認可されていないアクセスを避けるために、それらの場所を情報処理施設から離すことが望ましい。

Q523 □□【過去】

JIS Q 27002:2014における「物理的及び環境的セキュリティ」に関し、取扱いに慎重を要するシステムまたは重要なシステムのために、外装電線管の導入や、点検箇所・終端箇所の施錠可能な部屋または箱への設置、ケーブルを保護するための電磁遮蔽の利用などの管理策を考慮する。

A 520 □□

スマートフォンのアプリケーションは，情報漏えいを防止するため、携帯電話会社が運営するマーケットなどの信用できる場所からインストールするようにし、提供元不明のアプリケーションのインストールを許可しない。 ○

A 521 □□

主要な情報処理施設は、一般の人のアクセスが避けられる場所に設置する。また、建物を目立たせず、その目的を示す表示は最小限とし、情報処理活動の存在を示すものは、建物の内外を問わず、一切表示しない。 ×

A 522 □□

荷物の受渡し場所などの立寄り場所や、認可されていない者が施設に立ち入ることもあるその他の場所は、管理することが望ましい。また、可能な場合には、認可されていないアクセスを避けるために、それらの場所を情報処理施設から離すことが望ましい。 ○

A 523 □□

取扱いに慎重を要するシステムまたは重要なシステムのために、外装電線管の導入や、点検箇所・終端箇所の施錠可能な部屋または箱への設置、ケーブルを保護するための電磁遮蔽の利用などの管理策を考慮する。 ○

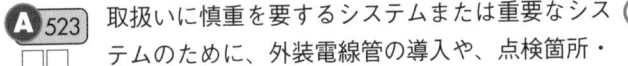

Q 524 □□【過去】

JIS Q 27002:2014における「物理的及び環境的セキュリティ」の「資産の移動」に関し、資産を扱うまたは利用する者について、その識別情報、役割及び所属を文書化する。この文書は、その装置、情報またはソフトウェア返却後に、本人に引き取らせる。

★ **Q 525** □□【予想】

JIS Q 27002:2014における「物理的及び環境的セキュリティ」の「資産の移動」に関し、必要な時に資産を構外に持ち出すことができるように、持出しを許可する権限を有する者は特定せず、任意の持出しを認める一方で、持出しと返却を記録することにより安全性を確保する。

★★ **Q 526** □□【過去】

「情報システム安全対策基準」における「設置基準」では、建物の出入り口においては、不特定多数の人が利用する場所に設置し、また、出入り口の数はできるだけ多くし、適切な位置に非常口を設ける必要があるとしている。

★ **Q 527** □□【過去】

「情報システム安全対策基準」における「技術基準」では、災害対策機能として、情報システムの代替運転機能やデータ及びプログラムを復旧する機能を設け、また、回復許容時間に対応したバックアップ機能とともに、情報システムを遠隔地でバックアップする機能も設けることとしている。

★ **Q 528** □□【予想】

「情報システム安全対策基準」における「技術基準」では、運用支援機能として、情報システムの稼動および障害を監視し、運転を制御する機能を設けるとともに、情報システムを常に目視で監視し、手動で運転する機能を設けることとしている。

A 524 □□

資産を扱うまたは利用する者について、その識別情報、役割および所属を文書化する。この文書は、資産であるその装置、情報またはソフトウェアとともに返却させる。 ×

A 525 □□

資産を構外に持ち出すことを許す権限をもつ従業員および外部の利用者を特定する。必要かつ適切な場合は、資産が構外に持ち出されていることを記録し、また、返却時に記録する。また、資産の持出し期限を設定し、また、返却がそのとおりであったかを検証する。 ×

A 526 □□

建物の出入り口は、不特定多数の人が利用する場所を避けて設置し、さらに、出入り口の数はできるだけ少なくし、入退管理設備を設置するとともに、適切な位置に非常口を設ける必要があるとされている。 ×

A 527 □□

「情報システム安全対策基準」における「技術基準」では、情報システムの代替運転機能やデータおよびプログラムを復旧する機能を設けること、また、回復許容時間に対応したバックアップ機能とともに、情報システムを遠隔地でバックアップする機能も設けることとされている。 ○

A 528 □□

「情報システム安全対策基準」における「技術基準」では、運用支援機能として、情報システムの稼動および障害を監視し、運転を制御する機能を設け、情報システムを自動的に運転する機能を設けることとしている。 ×

Q529 □□【過去】

「情報システム安全対策基準」における「運用基準」では、関連設備、防災設備及び防犯設備の操作及び保守管理は、担当者を特定せずに、複数人が持ち回りで行うとともに、定常時及び災害、障害時の措置を定めた関連設備、防災設備及び防犯設備の取扱いマニュアルを常備することとされている。

Q530 □□【過去】

「情報システム安全対策基準」における「運用基準」では、情報システム等の運用に当たっては、責任分担及び責任分界点を明確にすること、また、情報システムの集中、分散処理の形態を問わず、運用に関する統一した管理規程を整備するとともに、管理責任者を定めることとされている。

5 災害対策

★★

Q531 □□【予想】

BCMは、災害時に重要業務を中断させない、また、万が一中断した場合に被害を最小限にするための計画をいい、BCPは、ビジネスインパクトの分析や取組み方針・計画の策定、運用、見直しまでのマネジメントシステム全体を強調する場合をいう。

Q532 □□【予想】

事業継続計画を実効性のあるものとするためには、目標復旧時間を設定して教育・訓練などによる結果を検証し、継続的改善を実施するといったPDCAサイクルを回さなければならない。

A 529 □□ 関連設備、防災設備および防犯設備の操作および保守管理は、特定者が行うこと、また、定常時および災害、障害時の措置を定めた関連設備、防災設備および防犯設備の取扱いマニュアルを常備することとされている。 ×

A 530 □□ 情報システム等の運用に当たっては、責任分担および責任分界点（関係者間で責任を分ける点のこと）を明確にすること、また、情報システムの集中、分散処理の形態に応じた運用に関する管理規程を整備するとともに、管理責任者を定めることとされている。 ×

A 531 □□ BCPは事業継続計画（Business Continuity Plan）であり、BCM（Business Continuity Management）は事業継続管理である。 ×

A 532 □□ 事業継続計画は、実効性のあるものとするためには、目標復旧時間を設定（P）して教育・訓練（D）などによる結果を検証（C）し、継続的改善を実施（A）するというPDCAサイクルを重ねることにより、向上・定着を図ることが必要である。 ○

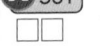

Q 533 □□ 【予想】

情報システムの障害対策は、同じ場所で同じ被災をしないための備えが必要である。具体的には、建物や設備、システムのバックアップなどの二重化対策が求められる。二重化の主な形態として、フィッシング、ホットサイト、ショルダーハックなどがある。

★ Q 534 □□ 【予想】

情報システムの二重化の形態において、コールドサイトとは、同程度の機器を設置する場所を準備し、災害時に機材を搬入するもので、復旧までの時間は数日レベル、費用は比較的小さいとされる。

★ Q 535 □□ 【予想】

情報システムの二重化の形態において、ウォームサイトとは、同程度の機器やシステムを別の場所に設置し、同一情報を両方の場所に更新するもので、復旧までの時間は即時、費用は比較的大きいとされる。

A 533 □□ ×

情報システムの障害対策は、同じ場所で同じ被災をしないための備えが必要である。具体的には、建物や設備、システムのバックアップなどの二重化対策が求められる。二重化の主な形態として、ミラーサイト、ウォームサイト、コールドサイトなどがある。

A 534 □□ ○

情報システムの二重化の形態に関しては、そのほか、復旧までの時間はかからないが費用はかかる「ミラーサイト」、復旧まで数時間を要する「ウォームサイト」がある。

A 535 □□ ×

本問は、ウォームサイトではなく、ミラーサイトの説明である。ウォームサイトとは、同程度の機器やシステムを別の場所に準備し、バックアップ媒体から復旧処理する形態のことである。

オフィスセキュリティ

問題

事業継続管理の流れとして、下図の（　　　）に入る最も適切な用語の組合せを、**ア**～**エ**で答えなさい。

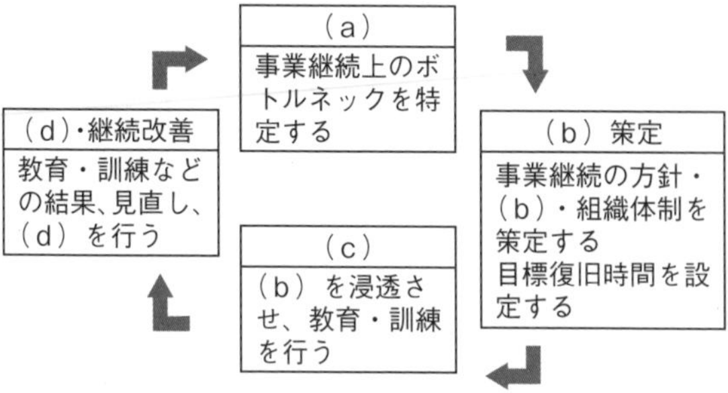
（a）
事業継続上のボトルネックを特定する
（b）策定
事業継続の方針・（b）・組織体制を策定する
目標復旧時間を設定する
（c）
（b）を浸透させ、教育・訓練を行う
（d）・継続改善
教育・訓練などの結果、見直し、（d）を行う

ア　a．計画　b．分析　c．検証　d．実行

イ　a．計画　b．分析　c．実行　d．検証

ウ　a．分析　b．計画　c．検証　d．実行

エ　a．分析　b．計画　c．実行　d．検証

解説

BCP（事業継続計画）の策定で最も大切なことは、災害の種類にかかわらず業務を中断させない、万が一業務が中断しても短時間で回復できる計画にすることである。そのためには、BCM（事業継続管理）で重大被害を想定した業務分析を行い、リスクアセスメントに基づく取組み方針･計画を立て、事業継続上でのボトルネックを解消する対応を検討することが重要である。また、BCP（事業継続計画）を実効性のあるものにするためには、目標復旧時間を設定して教育・訓練などによる結果を検証し、継続的改善を実施しなければならない（PDCAサイクル）。

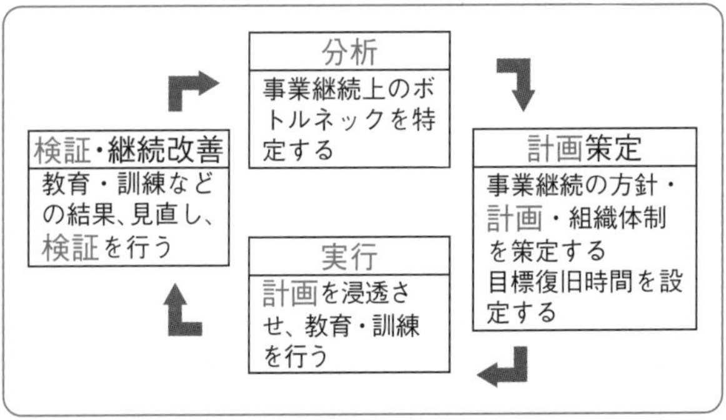

なお、英国規格協会（BSI）が策定したPAS56「事業継続管理のための指針（Guide to Business Continuity Management)」におけるBCP・BCMの定義は、次のとおりである。

BCP	潜在的損失によるインパクトの認識を行い、実行可能な継続戦略の策定と実施、事故発生時の事業継続を確実にする継続計画。事故発生時に備えて開発、編成、維持されている手順および情報を文書化した事業継続の成果物。
BCM	組織を脅かす潜在的なインパクトを認識し、利害関係者の利益、名声、ブランドおよび価値創造活動を守るため、復旧力および対応力を構築するための有効な対応を行うフレームワーク、包括的なマネジメントプロセス。

解答 エ

POINTマスター

オフィスセキュリティ

49 オフィスのゾーニング

種別	説明
オープンエリア	業務時間中に訪問者などが立ち入ることができる。受付や打合せコーナーなどがあり、警備員などによる監視が行われる。
受渡しコーナー	運送会社などの第三者との物品の受渡しに利用する。必ず社員の監視のもとに受渡しを行い、危険物の持込みや情報漏えいがないかを点検する。
セキュリティエリア	ID カードなどによって入室制限を行う。一般的な業務スペースなどがあり、社員同士が相互監視を行う。
高度なセキュリティエリア	ID カードなどによって入室制限を行う。役員室やサーバルームなどがあり、第三者がこのエリアに入る場合は、許可された社員の立会いのもとに作業させる。

50 入退室管理の方法

管理の方式		内容
認証技術	暗証番号	特定の者のみが知っている番号を入力する方式。
	磁気カード	磁性体に情報（データ）を書き込んだカードを読取機で読み取らせる方式。
	非接触カード (ICカード) (例：Suica)	カードに埋め込まれたICチップに情報（データ）が内蔵されており、カードをリーダー/ライターにかざして読み書きする方式。
	バイオメトリクス認証	指紋・静脈・虹彩等の身体的な特徴によって本人確認を行う認証方式。
フラッパーゲート（例：鉄道の自動改札）		磁気カードまたは非接触カードにより、利用者を識別し、扉を自動的に開閉して入退出管理を行う装置。

51 情報システム安全対策基準の技術基準および運用基準における適用区分（抜粋）

利用者区分	不特定利用者	特定企業内利用者	特定部門内利用者
情報システムの利用者	不特定の一般の者	情報システムを保有する企業に属する者	情報システムを保有する企業および外部企業の特定部門に所属する者
情報システムの例	・銀行オンラインシステム ・パソコン通信システム ・受発注オンラインシステム(VAN)	・販売、在庫管理システム ・住民情報システム	・CAD、CAM、CIM ・企業間資金移動システム

52 情報システムの二重化の主な形態

二重化の形態	概要	復旧までの時間
ミラーサイト	同程度の機器やシステムを別の場所に設置し、同一情報を両方の場所に更新する。 費用は比較的大きい。	即時
ウォームサイト	同程度の機器やシステムを別の場所に準備し、バックアップ媒体から復旧処理をする。 費用は中程度である	数時間レベル
コールドサイト	同程度の機器を設置する場所を準備し、災害時に機材を搬入する。 費用は比較的小さい。	数日レベル

対策 情報システムセキュリティ

1 ユーザID、パスワード、アクセス制限とアクセス制御

★★

Q 536 □□【過去】

コンピュータシステムの利用者の識別と認証に関し、ユーザIDは個人の認証のために利用される文字列で暗証番号としての役割をもち、パスワードは各利用者を識別するための文字列である。

Q 537 □□【予想】

ユーザIDとパスワードの組合せを1度入力すれば、アクセスを許可された複数の情報資源の利用が可能になる仕組みを、シングルサインオンという。当初、入力の手間を省くという負荷軽減に主眼が置かれていたが最近ではアクセス制御を実現させるための仕組みとして注目されている。シングルサインオンの導入により、システムの管理者や開発者は、ユーザの識別・認証管理を一元化でき、各ユーザがどのような権限に基づいて情報資源にアクセスできるかを的確に管理することが可能となる。

Q 538 □□【予想】

ユーザIDを管理する際に重要なこととしては、ユーザIDは個人ごとに割り振るなどして1つのユーザIDを複数の利用者で共有しないことや、ユーザIDを利用しなくなった場合は速やかに管理者に連絡しユーザIDを削除することなどが挙げられる。

情報システムセキュリティの分野は、出題の範囲が広く深く、また、技術の進歩に伴い、内容も変化していくので、基本的な概念を押さえ、確実な得点源にしましょう。

A 536 □□

ユーザIDは各利用者を識別するための文字列であり、パスワードは個人の認証のために利用される文字列で暗証番号としての役割をもつ。コンピュータシステムは、ユーザIDとパスワードの組合せが正しい場合に限り本人を認証する。 ×

A 537 □□

シングルサインオンの導入により、システムの管理者や開発者は、ユーザの識別や認証管理を一元化することができる。しかし、OSにぜい弱性がある場合、一度の認証だけで他のサービスを利用できるようにすると、不正アクセスによるリスク発生の可能性があるため、シングルサインオンを採用する場合には、認証時に複数の認証方式を組み合わせることが望ましい。 ○

A 538 □□

このほか、ユーザIDを管理する上で重要なこととして、他人のユーザIDを使わないことや、やむを得ず複数の利用者で1つのユーザIDを共同利用する際は、厳重に管理をすることなどが挙げられる。また、ユーザIDおよびパスワードの管理ファイルは、業務用のデータとは別の場所に保存し、自由にアクセスできないように管理する。 ○

★
Q539
□□
【予想】

パスワードの管理に関し、パスワードの文字数については、求められるセキュリティレベルによっても異なるが、一般的には6文字以上を採用することが望ましく、また単純なパスワードは見破られやすいため、意味のある単語を避けて、数字や大文字・小文字のアルファベット、@や&などの記号を含むパスワードを設定することが望ましい。

★★
Q540
□□
【過去】

パスワードを見破られにくくする方法として、時間により変化するトークンコードと、利用者が記憶している個人識別番号の2要素を組み合わせて認証する方式である、いわゆる「使い捨てパスワード」を利用することで、より強度の高い認証を実現させる方法がある。

★★
Q541
□□
【予想】

パスワードは、システム管理者が情報システムを利用して最初に発行したものを継続的に使用し、利用者が任意に変更できないように設定することが望ましい。利用者は、他者にパスワードを不用意に明かすべきではないが、パスワードが破られたと気づいた場合は、直ちに管理者にその旨を連絡し、その際、使用していたパスワードならびに変更した新しいパスワードも併せて連絡する。

A 539 □□

パスワードの見破られにくさを「パスワードの強度」という。攻撃者が総当りでパスワードを解析し、システムにアクセスしようとするブルートフォース攻撃をしてきた場合、パスワードに使用できる文字の種類の総数をn乗（nはパスワードの文字数）した組合せを試す必要がある。したがって、パスワードの文字数が多いほどパスワードの強度が高くなる。　○

A 540 □□

パスワードを見破られにくくするためには、時間により変化するトークンコードや、利用者が記憶している個人識別番号の２要素を組み合わせて認証する方式である、いわゆる使い捨てパスワード（ワンタイム・パスワードともいわれる）を利用して、より強度の高い認証を実現させる方法がある。　○

A 541 □□

パスワードは、システム管理者が情報システムを利用して利用者に発行し、利用者が任意に、かつ、定期的に変更できるように設定する。利用者は、他者にパスワードを不用意に明かすべきではないが、パスワードが破られたと気づいた場合は、直ちに新しいパスワードに変更し、管理者にその旨を連絡する。　×

Q 542 □□ 【予想】

パスワード管理の留意点として、パスワード設定時に、連続文字を避け、英字と数字を混合させるようチェックをかけることが挙げられる。

★ Q 543 □□ 【過去】

システム管理者は、利用者がログインする際に、入力ミスの発生を考慮した確認手段を提供する。さらに、一定以上ログインに失敗した場合でも、IDを停止せず、成功するまで猶予を与える設定にすることが望ましい。

★ Q 544 □□ 【予想】

システム管理者は、パスワードには必要に応じて有効期限を設定し、同一または類似パスワードの再利用を制限するとともに、パスワードを入力する際は、代用文字を「●●●●●●」などのように表示させ、パスワードは直接画面上に表示しないように設定することが望ましい。

Q 545 □□ 【過去】

情報システムのアクセス制御に関しては、すべての端末で個人情報にアクセスできるように利便性を図ると同時に、管理者レベルの権限を設定することによって、管理者が常時、どの端末からも不正アクセスを防ぐ必要がある。

A 542 □□
パスワード管理の留意点のひとつとして、パスワード設定時に、連続文字を避け、英字と数字を混合させるようチェックをかけることが挙げられる。 ○

A 543 □□
システム管理者は、利用者がログインする際に、入力ミスの発生を考慮したシステムを提供するとともに、一定回数以上ログインに失敗した場合は、使用中のIDを停止する設定にすることが望ましい。 ×

A 544 □□
システム管理者がパスワードの管理に関し留意すべき点として、必要に応じてパスワードの有効期限を設定すること、同一または類似パスワードの再利用を制限すること、パスワードを入力する際は、代用文字を表示させるなどして、パスワードを直接画面上に表示しないように設定することなどが挙げられる。 ○

A 545 □□
すべての端末で個人情報にアクセスできるようにするのではなく、アクセスできる端末をあらかじめ登録しておくことで、権限の付与されていない者が個人情報に不正にアクセスすることを防ぐ必要がある。 ×

★★
Q 546 □□【過去】

個人情報に長時間アクセスする行為は、個人情報の漏えいや改ざんの可能性が高くなる。したがって、一定の合理的な時間制限を設けることにより、個人情報への不正アクセスを防ぐ必要がある。

★
Q 547 □□【過去】

同時に多人数で個人情報へアクセスすることで、個人情報に対する閲覧、加工、複写、削除などの行為の主体者を互いに監視することができる。したがって、個人情報へのアクセス履歴を正確に記録・管理しつつ、同時利用者数の条件を設ける必要がある。

★
Q 548 □□【過去】

情報システムのアクセス制限に関して、利用者が一般ユーザなのか情報システム管理者なのかといったアクセス権限のレベルに応じて、アクセスできるファイルやデータを必要最大限の範囲に設定する必要がある。

Q 549 □□【過去】

不正アクセスを検出する目的で、個人情報などのデータにアクセスしたユーザID、ログオン・ログオフ日時、端末IDと所在など、アクセス失敗を除いたアクセス記録を作成し保持する必要がある。

A 546 □□ ○
個人情報に長時間アクセスすることを許すと、個人情報の漏えいや改ざんの可能性が高くなるため、一定の合理的な時間制限を設け、個人情報への不正アクセスを防ぐべきである。

A 547 □□ ×
情報システムのアクセス制限に関して、同時に多人数での個人情報へのアクセスを許可すると、個人情報に対する閲覧、加工、複写、削除などの行為の主体者を特定することが難しくなり、不正使用や漏えいの危険性が高くなる。したがって、個人情報へのアクセス履歴を正確に記録・管理し、セキュリティレベルを維持するために、同時利用者数の制限を設ける必要がある。

A 548 □□ ×
利用者が一般ユーザなのか情報システム管理者なのかといったアクセス権限のレベルに応じて、アクセスできるファイルやデータを必要最低限の範囲に設定し、個人情報へのアクセスを最小限に制限する必要がある。

A 549 □□ ×
不正アクセスを検出し、情報セキュリティレベルを維持管理する目的で、個人情報にアクセスしたユーザID、ログオン・ログオフ日時、端末IDと所在、アクセスの成功・失敗状況などのアクセス記録を作成し保持する必要がある。

★
Q 550 □□【過去】
ユーザごとに設定された利用制限やアクセス権限のレベルが妥当であるか、それが計画どおりに運用されているかどうかを、システムの更新時期に合わせてチェックする必要がある。

Q 551 □□【過去】
アクセス権限のチェックにおいては、設定の見直しや検討、計画を行い、妥当な仕組みと運用体制を再構築し、情報セキュリティレベルを維持する必要がある。

★★
Q 552 □□【予想】
ユーザIDについてはアクセス制御を行う必要があるが、管理者IDについてはアクセス制御を行わず、管理者が不測の事態に直ちに対応できるようにしておくべきである。

2 暗号化と認証システム

★★
Q 553 □□【予想】
暗号化において、情報発信者が作成したもともとの情報をプレーンテキストまたは単文といい、暗号表現に変換する作業のことを暗号化、受信者が暗号表現を単文に戻すことを解凍という。

★★
Q 554 □□【予想】
暗号化において、暗号化や復号化を行うための手順を鍵といい、暗号化に用いるパラメータをアーカイブという。

A 550 □□ アクセス制御に関して、ユーザごとに設定された利用制限やアクセス権限のレベルが妥当であるか、それが計画どおりに運用されているかどうかは、常に監視しなければならない。 ×

A 551 □□ 定期的もしくは必要に応じて、アクセス権限の設定を見直し、検討・計画し、妥当な仕組みと運用体制を再構築し、情報セキュリティレベルを維持する必要がある。 ○

A 552 □□ ユーザIDだけでなく、管理者IDについてもアクセス制御を行うべきであり、システム管理者にとっての必要最低限の権限を設定する必要がある。 ×

A 553 □□ 情報発信者が作成したもともとの情報をプレーンテキストまたは平文《ひらぶん》といい、暗号表現に変換する作業のことを暗号化、受信者が暗号表現をプレーンテキストに戻すことを復号化という。 ×

A 554 □□ 暗号化や復号化を行うための手順をアルゴリズムといい、暗号化に用いるパラメータを鍵（キー）という。 ×

Q 555 □□【予想】

暗号化の方式には、ストリーム暗号とブロック暗号がある。ストリーム暗号とは、平文を１ビットもしくは１バイトずつ暗号化する方式であるのに対し、ブロック暗号とは、ある大きさのビットのまとまりに対して暗号化する方式である。

★

Q 556 □□【予想】

共通鍵暗号方式は、デジタル文書の正当性を保証する電子署名に応用されている。

Q 557 □□【過去】

共通鍵暗号方式を利用するには、受信者があらかじめ鍵を入手しておく必要があり、入手していない場合は、事前に鍵の内容を平文のメールに記述して受信者に送信しておかなければならない。

★

Q 558 □□【予想】

公開鍵暗号方式は、暗号化と復号化に同一の鍵を使うもので、慣用暗号方式や秘密鍵暗号方式とも呼ばれる。特徴としては、共通鍵暗号方式と比較すると総じて処理が高速であり、大量データの暗号化に適していることが挙げられる。

★★

Q 559 □□【過去】

暗号化の方式の１つであるハイブリッド方式では、まず公開鍵暗号方式で共通鍵の受渡しだけを行った後、実際のデータの送受信は共通鍵暗号方式で行う。双方を組み合せることで、安全性、運用管理の容易性、処理の効率性を備えた方式である。

A 555 □□
ストリーム暗号とは、平文を1ビットもしくは1バイトずつ暗号化する方式であり、ブロック暗号とは、ある大きさのビットのまとまりに対して暗号化する方式である。 ○

A 556 □□
電子署名に応用されているのは、公開鍵暗号方式である。電子署名は、電子文書において、作成者の保証と内容的な同一性（非改ざん性）を実現する仕組みであり、紙文書における印やサイン（署名）に相当するものである。 ×

A 557 □□
共通鍵暗号方式を利用するには、受信者があらかじめ鍵を入手しておく必要があるが、鍵の内容を平文のメールに記述して受信者に送信することは、情報漏えいする可能性があるため、避けるべきである。 ×

A 558 □□
暗号化と復号化に同一の鍵を使うもので、慣用暗号方式や秘密鍵暗号方式とも呼ばれるものは共通鍵暗号方式である。特徴としては、公開鍵暗号方式と比較すると総じて処理が高速であり、大量データの暗号化に適しているとされる。 ×

A 559 □□
ハイブリッド方式では、まず公開鍵暗号方式で共通鍵の受渡しだけを行った後、実際のデータの送受信は共通鍵暗号方式で行う。セッションごとに共通鍵を変更して運用することから、共通鍵をセッション鍵と呼ぶこともある。 ○

★ Q 560 □□【予想】

SSL（Secure Sockets Layer）は、公開鍵暗号方式と共通鍵暗号方式を組み合わせてデータを送受信するもので、通信経路におけるデータの盗聴、改ざん、なりすましを防ぐことができ、Webブラウザに装備されている。

★ Q 561 □□【過去】

ワンタイム・パスワード方式では、サーバがクライアントに毎回変化するチャレンジという値を送り、クライアントがそれをハッシュ関数などの一定のルールで演算し、答えをレスポンスとしてサーバに返す。このとき、サーバでも同じルールで演算を行い、クライアントからのレスポンスとの一致を検査する。

Q 562 □□【過去】

スマートカードは、クレジットカードと同じ大きさのプラスチックカードにCPU、メモリ、セキュリティ回路などのICチップが組み込まれたもので、演算能力が高く、極めて高度なセキュリティを確保することが可能である。

Q 563 □□【過去】

バイオメトリクス認証は、本人のみがもつ生体情報を利用した認証である。認証精度や安全性において、他の認証方式を凌駕しており、究極の本人認証方式として期待されている。

★★ Q 564 □□【過去】

バイオメトリクス認証には、現在、指紋、掌紋、指静脈、手のひら静脈、網膜、虹彩、声紋などの身体的特徴による認証があるが、筆跡などの行動的特徴を利用したものはまだ製品化されていない。

A 560 □□ SSLは、電子決済におけるクレジットカード情報や、個人情報の送受信に利用されている。SSLを使用しているWebサイトのURLは、http://～ではなく、https://～と表示される。 ○

A 561 □□ ワンタイム・パスワード方式は、旧来のパスワード方式の弱点をカバーするパスワード方式といわれる。クライアントとサーバが共有するルールが暗号鍵に相当し、クライアントが返すレスポンスがワンタイム・パスワードになる。 ○

A 562 □□ スマートカードには、PKI認証に欠かせないデジタル証明書の情報も記憶させることができる。スマートカードは紛失や盗難、破損などの事故の可能性も高いが、紛失や盗難に備え、データの暗号化によって保護されている。 ○

A 563 □□ バイオメトリクス（生体）認証は、本人のみがもつ生体情報を利用した認証であり、認証精度や安全性において、他の認証方式を凌駕しているため、究極の本人認証方式となることが期待されている。 ○

A 564 □□ バイオメトリクス認証には、現在、指紋、掌紋《しょうもん》、指静脈、手のひら静脈、網膜、虹彩《こうさい》、声紋などの身体的特徴による認証のほか、筆跡などの行動的特徴による認証があり、いずれも製品化されている。 ×

★ Q 565 □□【予想】

バイオメトリクス認証の短所として、現在の実用化レベルでは、誤認識の可能性がゼロではないことのほか、パスワードを覚えておく必要があることが挙げられる。

★ Q 566 □□【過去】

ネットワーク越しの相手を認証するための基盤であるPKI認証においては、電子メールなどのメッセージに対して、電子署名をつけると、送信者が正しく本人であることとメッセージが改ざんされていないことを証明できる。

3 電子メール、無線LANの利用上の注意点

Q 567 □□【予想】

クライアント端末とメールサーバによるメールの送受信という基本的な機能を搭載しただけの電子メールシステムは、セキュリティレベルが高いものではなく、基本機能以外のさまざまなセキュリティ機能を補完して運用することや、利用規程の整備、利用者本人の注意義務の順守が、セキュリティを確保し、個人情報を保護するための重要なポイントとなる。

★ Q 568 □□【過去】

電子メール本文の末尾に、シグネチュア（署名）として発信者の連絡先を記載する際、発信者の信頼性を高めるため、名前や所属先、メールアドレスのほか、住所や電話番号なども記載する必要がある。

A 565 □□

バイオメトリクス認証の短所として、指紋認証においては湿気・乾燥や汚れ、傷などの要因で認証精度が左右されるなど、誤認識の可能性があること、認証用データの登録に手間がかかることなどがあるが、カードを携帯したり、パスワードを覚えておいたりする必要はない。 ×

A 566 □□

PKI認証は、電子メールなどにおけるコミュニケーション相手の本人性の確認のために利用される認証方法である。PKI認証において、電子署名を確認する際に使用するのが、送信者の公開鍵であるが、公開鍵そのものの正当性を保証するためには、認証局が発行する電子証明書が必要になる。 ○

A 567 □□

クライアント端末とメールサーバによるメールの送受信という基本的な機能を搭載しただけの電子メールシステムは、個人情報保護や機密保持の観点から万全のシステムとはいいがたく、基本機能以外のさまざまなセキュリティ機能を補完して運用することや、利用規程の整備、利用者本人の注意義務の順守が、セキュリティを確保し、個人情報を保護するための重要なポイントとなる。 ○

A 568 □□

電子メール本文の末尾に、シグネチュア（署名）として発信者の名前や所属先、メールアドレスなどを含む連絡先などを書き添える際、住所や電話番号などを含める場合は、必要以上に情報を開示しないよう留意する。 ×

★
Q 569 □□【過去】

電子メールシステムを、業務に派生的な個人的目的のために使用することを許可する場合は、業務に支障を及ぼすような長時間の使用や、コンピュータ資源を不当に独占する使用については認めないことが望ましい。

Q 570 □□【過去】

銀行やクレジット会社などの金融機関以外の事業者は、電子メールの本文に、個人情報や秘密情報、クレジットカードの番号、パスワードなどを記載して送信すべきではない。やむを得ない場合には、送信内容を添付ファイルにする必要がある。

★★
Q 571 □□【過去】

個人情報を含む文書をメールで誤送信することによって、情報漏えい事故が起こる場合がある。この対策として、サーバにおいてスプーフィング機能を利用し、送信メールのメール本文や添付ファイルのキーワードを、リアルタイムに検査する方法などが必要である。

Q 572 □□【過去】

フリーメールとは、受信者の許可なく勝手にメールを送りつける迷惑メールのことである。この対策として、業務上不要なメールの受信を防止する機能や不正アクセスを阻止する機能を、システムに付加する対策が必要である。

A 569 □□

社内における電子メールシステムの利用は、原則として業務目的のみに限定し、私的利用を禁止すべきであるが、仮に業務に派生的な個人的目的のために使用することを許可する場合は、厳密なルールの下に利用させるようにする。また、電子メールシステムの利用を、監視ならびに記録する場合には、あらかじめ従業者に伝えておく。 ○

A 570 □□

いかなる事業者であっても、ネットワーク上の複数のコンピュータを経由して送付される電子メールには、原則として、個人情報や秘密情報、クレジットカードの番号、パスワードなどを記載すべきではない。やむを得ず、電子メールで送信する場合には、最低限の必要事項とし、送信内容を暗号化する必要がある。 ×

A 571 □□

電子メールの誤送信による情報漏えい等への対策としては、メールサーバにおいてメールフィルタリング機能を搭載し、メールのタイトルと本文のキーワード、メール本体のサイズ、送信元アドレス、ヘッダ情報や添付ファイルの特徴などをリアルタイムに検査する方法が有効である。なお、メールスプーフィングとは、メールの送信者情報に虚偽のアドレスや名前を記載することにより、他人になりすましてメールを送信することをいう。 ×

A 572 □□

受信者の許可なく勝手にメールを送りつける迷惑メールのことをスパムメールという。この対策として、業務上不要なメールの受信を防止する機能や不正アクセスを阻止する機能を、システムに付加する対策が必要である。 ×

Q573 □□【予想】

電子メール利用上の脅威への対策としては、電子メール本文に不審な部分があった場合、本文中のURLや添付ファイルを開く前に、必ず送信者の真正性を確認すること、電子メールシステム管理者に報告することが大切である。

Q574 □□【過去】

マクロ付きの添付ファイルを電子メールで送信する際には、送受信者間であらかじめ連絡を取り合い、その旨をメール本文にも明記する必要がある。

★ **Q575** □□【予想】

SSIDは、接続先の無線LANアクセスポイントを指定するコードで、同じコードを設定した無線LAN機器だけが接続可能になる。

★★ **Q576** □□【過去】

無線LANのセキュリティ対策のうち、MACアドレスフィルタリングは、個々の無線LAN機器が持つ固有情報を、無線LANアクセスポイントにあらかじめ登録することで、登録されている無線LAN端末（パソコン）だけを接続可能にすることができる。

★ **Q577** □□【予想】

WEPは暗号鍵を一定時間ごとに更新するTKIPによる強力な暗号化をサポートした方式で、WPAよりも高いセキュリティを実現している。

A 573 □□ 電子メール利用上の脅威への対策としては、電子メール本文に不審な部分があった場合、本文中のURLや添付ファイルを開く前に、必ず送信者の真正性を確認すること、電子メールシステム管理者に報告することが大切である。 ○

A 574 □□ アプリケーションに実装されたマクロ機能を悪用することで、自己複製などを行うタイプのコンピュータウイルスが存在するため、マクロ付きの添付ファイルを電子メールで送信する際には、本問に掲げる措置をとる必要がある。 ○

A 575 □□ 無線LANのセキュリティ対策には、SSID、MACアドレスフィルタリング、WEP、WPA、IEEE 802.11i などがあり、これらを組み合わせて、有効な保護対策を行う。 ○

A 576 □□ MACアドレスフィルタリングは、個々の無線LAN機器が持つ固有情報を、無線LANアクセスポイントにあらかじめ登録することで、登録されている無線LAN端末（パソコン）だけを接続可能にすることができるというものである。 ○

A 577 □□ WPAは、暗号鍵を一定時間ごとに更新するTKIPによる強力な暗号化をサポートした方式で、WEPよりも高いセキュリティを実現している。WEPは、IEEE802.11シリーズで規格化されている暗号化方式の一つであるが、現在では解読される危険性が高いとされている。 ×

4 不正アクセス、ウイルス等への対策

Q 578 □□【予想】

ファイアーウォールを構築するときは、外部に公開するWebサーバやFTPサーバを非武装地帯であるIDSに置くのが一般的である。さらに、WebサーバのOSの不備やファイアーウォールの設定ミスなどによって、不正アクセスによる侵入が起こる場合があるため、その侵入を早期に検知するDMZを設置する必要がある。

Q 579 □□【過去】

IDSの侵入検知方式のうち、不正検出方式は、あらかじめ登録されたパターンとマッチングさせて検出する方式で、既知の侵入手口が利用された場合に検出することができる。

★ **Q 580** □□【予想】

「コンピュータ不正アクセス対策基準」のシステムユーザ基準においては、ユーザIDは、複数のユーザで利用せず、パスワードを必ず設定すること、パスワードは、定期的に変更する必要があり、また、紙媒体などに記述しないことが挙げられている。

★ **Q 581** □□【過去】

「コンピュータ不正アクセス対策基準」のシステム管理者基準においては、管理体制の整備について、システムのセキュリティ方針を確立し、システムの管理体制、管理手順を確立し、周知・徹底するとともに、システム管理者は組織に１名のみとし、責任の所在を明確にすることとしている。

A 578 □□

ファイアーウォールを構築するときは、外部に公開するWebサーバやFTPサーバを非武装地帯であるDMZ（DeMilitarized Zone）に置くのが一般的である。さらに、WebサーバのOSの不備やファイアーウォールの設定ミスなどによって、不正アクセスによる侵入が起こる場合があるため、その侵入を早期に検知するIDS（Intrusion Detection System）を設置する必要がある。 ×

A 579 □□

IDSのもう一つの侵入検知方式である異常検出方式は、通常では出現しないネットワーク上の動作を検出する方式で、未知の侵入でも発見することができる。 ○

A 580 □□

システムユーザ基準においては、このほかにも、「重要な情報は、パスワード、暗号化、アクセス権限の設定などの対策を実施し、重要な情報を記録した紙、磁気媒体などは、安全な場所に保管する」ことなどが挙げられている。 ○

A 581 □□

システム管理者基準においては、管理体制の整備について、システムのセキュリティ方針を確立し、システムの管理体制、管理手順を確立し、周知・徹底するとともに、システム管理者の権限は、業務を遂行するうえで必要最小限にすること、具体的には、システム管理者は、２人以上かつ必要最小限の管理者で、その業務は定期的に交代することとしている。 ×

★★
Q582
□□
【予想】

「コンピュータ不正アクセス対策基準」のシステム管理者基準においては、システムユーザ管理について、機器にはすべてのシステムユーザを登録し、システムユーザの権限ならびに、ネットワークを介して外部からアクセスできるユーザIDも、すべてのユーザに対して設定することとしている。

★
Q583
□□
【過去】

「コンピュータ不正アクセス対策基準」のシステム管理者基準においては、設備管理について、すべての機器及びソフトウェアの管理者を明確にし、重要な情報が格納されているかまたは重要な処理を行う機器は、許可を与えられた者以外立ち入れない場所に設置し、厳重に管理することとしている。

★★
Q584
□□
【過去】

「コンピュータ不正アクセス対策基準」のネットワークサービス事業者基準においては、ネットワークサービスユーザの情報は、厳重に管理し、ネットワークサービスユーザの情報を公開する場合は、本人の了解を得るとともに、適宜ネットワーク構成等の重要な情報を公開しなければならないとしている。

★
Q585
□□
【過去】

「コンピュータ不正アクセス対策基準」のネットワークサービス事業者基準においては、ネットワークサービス事業者及びネットワークサービスユーザの責任範囲を明確にし、ネットワークサービス事業者が提供できるセキュリティサービスを明示することとしている。

A 582 □□ ×

システム管理者基準においては、システムユーザ管理について、システムユーザの登録は、必要な機器に限定し、システムユーザの権限ならびに、ネットワークを介して外部からアクセスできるユーザIDは、必要最小限にすることとしている。

A 583 □□ ○

システム管理者基準においては、さらに、情報管理については、通信経路上の情報は、漏えいを防止する仕組みを確立し、通信経路上で情報の盗聴および漏えいが行われても、内容が解析できない機密保持機能を用いることとしている。また、通信経路上で情報の改ざんが行われても、検出できるような改ざん検知機能を用いることとしている。

A 584 □□ ×

ネットワークサービス事業者基準においては、ネットワークサービスユーザの情報は、厳重に管理し、ネットワークサービスユーザの情報を公開する場合は、本人の了解を得ることとされているが、ネットワーク構成等の重要な情報は公開しないこととされている。

A 585 □□ ○

ネットワークサービス事業者基準においては、このほか、ネットワークサービス事業者の要員の業務範囲を明確にし、不正アクセスを発見したときの連絡体制および復旧手順を確立し、周知・徹底することも挙げられている。

★★
Q 586
□□
【過去】

「コンピュータ不正アクセス対策基準」のネットワークサービス事業者基準においては、ネットワークサービスに係る機器は、不測の事態に備え、従業者の誰もがすぐに対応できる場所に設置し、ネットワークサービスに係る機器の管理が常に可能な仕組みを確立することとしている。

★
Q 587
□□
【過去】

「コンピュータ不正アクセス対策基準」のハードウェア・ソフトウェア供給者基準においては、設備管理について、開発業務に係る機器は、許可を与えられた者以外立ち入れない場所に設置し、厳重に管理し、開発業務に係るネットワークは、他の業務のネットワークと分離することとしている。

★★
Q 588
□□
【過去】

「コンピュータ不正アクセス対策基準」のハードウェア・ソフトウェア供給者基準においては、開発管理について、製品のネットワークに係る機能は、セキュリティ上の重要な情報の解析を防ぐ機能を組み込み、製品の保守に係る機能は、すべての者が利用できる機能を組み込むこととしている。

A 586 □□ ×

ネットワークサービス事業者基準においては、ネットワークサービスに係る機器は、許可を与えられた者以外立ち入れない場所に設置し、厳重に管理することとしている。なお、ネットワークサービスに係る機器の管理が常に可能な仕組みを確立することとしているので、本問後半は正しい。

A 587 □□ ○

ハードウェア・ソフトウェア供給者基準においては、設備管理について、開発業務に係る機器は、許可を与えられた者以外立ち入れない場所に設置し、厳重に管理すること、および開発業務に係るネットワークは、他の業務のネットワークと分離することと定められている。

A 588 □□ ×

ハードウェア・ソフトウェア供給者基準においては、開発管理について、製品のセキュリティ機能の実装に関する方針を明確にし、製品は、機密保持機能、認証機能、改ざん検知機能などのセキュリティ機能を設けること、および製品のネットワークに係る機能は、セキュリティ上の重要な情報の解析を防ぐ機能を組み込み、製品の保守に係る機能には、利用者を限定する機能を組み込むことと定められている。

Q 589 □□ 【予想】

コンピュータウイルスのうち、拡張子がcomやexe、sysなどの実行型ファイルに感染し、制御を奪い、プログラムを書き換えて感染・増殖するものはファイル感染型といわれ、メモリに潜伏し実行プログラムすべてに感染する可能性があるものはメモリ常駐型といわれる。

★★ Q 590 □□ 【過去】

コンピュータウイルスは日々新種が発見されているので、ウイルス対策ソフトが発売されるごとに最新バージョンを購入し、インストールしておく。それによって、最新のウイルス感染を常に防ぐことができる。

Q 591 □□ 【過去】

Webページの閲覧だけではウイルスに感染しないが、インターネット上でツールやゲームを装った、ウイルスに感染しているファイルのダウンロードによって、パソコンが感染する場合がある。

★★ Q 592 □□ 【予想】

コンピュータウイルスに感染した場合は、ウイルス被害の拡大を防止するため、利用者自身が早急にシステムの復旧を行う。その後、感染した経緯やシステムが復旧した旨をシステム管理者に連絡しなければならない。

A 589 □□ コンピュータウイルスには、ほかにも、ネットワークを通じて他のコンピュータに拡散することを目的とし、メールの添付ファイルやネットワークを通じて広まるワーム型や、正体を偽ってコンピュータへ侵入し、データ消去やファイルの外部流出、他のコンピュータへの攻撃などの破壊活動を行うトロイの木馬型などがある。 ○

A 590 □□ 発売されるごとにウイルス対策ソフトの最新バージョンを購入し、インストールしておくだけでは、最新のウイルス感染を常に防ぐことはできない。ウイルス対策ソフトのパターンファイル（ウイルス定義ファイル）を常に最新の状態となるように更新することなどが必要である。 ×

A 591 □□ Webページの閲覧によってウイルスに感染することがある。また、メールに添付されているウイルスに感染したファイルをクリックしたり、ウイルスに感染しているファイルをダウンロードしたりすることでウイルスに感染することもある。 ×

A 592 □□ コンピュータウイルスに感染した場合は、感染したシステムの使用を中止し、ただちにシステム管理者に連絡して指示に従う。また、ウイルス被害の拡大を防止するため、システムの復旧においても、システム管理者の指示に従う。 ×

Q 593 □□【過去】

コンピュータウイルスの対策として、経済産業省が策定した「コンピュータウイルス対策基準」などに従い、それらの基準を満たし、適正な対策方法が取られているか、管理運営体制が万全かに着目して、ウイルス対策レベルの妥当性を定期的に診断し、検証する。

★ **Q 594** □□【過去】

スパイウェアの兆候としては、ポップアップ広告が常に表示されるようになったこと、Webブラウザの設定が勝手に変更され、元に戻せなくなったこと、ダウンロードした覚えのないコンポーネントがWebブラウザに追加されたことなどを挙げることができる。

A 593 ○

コンピュータウイルスへの対策については、日ごろから利用者の教育・啓蒙を行う必要がある。万が一、ウイルスに感染した場合の連絡方法、応急処置の内容などについて、利用者に周知しておく必要がある。

A 594 ○

スパイウェアは、ユーザの知らないうちに勝手にPCにインストールされて、PC内に存在する個人情報や機密情報、あるいはPCに対する操作の情報を、許可なく第三者に送信するスパイ活動を行うプログラムである。スパイウェアの兆候として、本問に掲げることのほか、システムが不安定になったことやポップアップ広告が常に表示されるようになったことなどが挙げられる。

5 個人情報の取扱いと媒体等の廃棄

★
Q 595
□□
【過去】

情報システム開発における個人データ利用に関しては、原則として、顧客管理システムなどの開発では、テスト環境であっても、個人情報などのセキュリティ上問題あるデータを、そのままテストデータとして使用しないことが望ましい。

Q 596
□□
【予想】

情報システム開発における個人データ利用に関しては、テスト環境は適切なセキュリティ管理がなされていない場合が多く、また、本番環境と比較すると正確性に劣るため、本番環境とテスト環境を分離せずに、本番環境でテストすることが望ましい。その場合、本人への事前承認は顧客への不安感につながるとともに費用がかさむため、原則として極秘で行うことが望ましい。

★★
Q 597
□□
【過去】

パソコンを廃棄する場合、ハードディスク上のデータを消去する必要がある。データを「ごみ箱」に移動した後、「ごみ箱を空にする」操作だけではなく、OSの機能で初期化し、さらに、パソコンに付属するリカバリCDを使って、工場出荷状態に戻す必要がある。

★
Q 598
□□
【過去】

CD-ROMやUSBメモリといった電子媒体を廃棄する場合は、媒体用のシュレッダーなどで物理的に破壊する必要がある。媒体を再利用する場合は、専用のデータ消去ツールを使用して、完全にデータを消去する必要がある。

A 595 □□

なお、テストデータについては、その回収や廃棄漏れによる情報漏えいを防ぐため、テスト実施中および終了後のテストデータの保管・廃棄方法も明確にし、適切な管理をする必要がある。 ○

A 596 □□

情報システム開発において、システムの品質確保のため、やむを得ず本番データを用いてテストをする必要がある場合には、テスト環境は適切なセキュリティ管理を施し、本番環境とテスト環境を分離してテストすることが望ましい。また、本人の事前承認が必要であり、使用する個人情報については、マスキングや置き換え、暗号化をすることが望ましい。 ×

A 597 □□

パソコンを廃棄するに当たってハードディスク上のデータを消去する際には、完全にデータを消去する必要があるため、専用のデータ消去ツールを使って、ハードディスクに特定パターンを書き込み、元のデータが読み取られないようにしなければならない。ハードディスクを再利用する場合にも、同様の方法をとるべきである。 ×

A 598 □□

CD-ROMやUSBメモリなどの電子媒体を廃棄する場合は、媒体用のシュレッダーなどを用いて物理的に破壊すべきである。また、媒体を再利用する場合は、専用のデータ消去ツールを使用して、完全にデータを消去すべきである。 ○

★★

Q 599

□□

【過去】

機密情報が記載されている紙媒体を廃棄する場合、焼却や溶解処理またはシュレッダーで断裁し、復元が不可能な状態となるようにする。

★

Q 600

□□

【過去】

情報機器や媒体の廃棄については、資源ごみや粗大ごみなどの分別を厳守し、市区町村が定めている公的なごみ処理の収集方法に沿って廃棄を実施する必要がある。廃棄作業については、廃棄記録の内容を確認するとともに、実際の現場及び委託先での実施状況を、監査実施時の確認事項として、定期的にチェックすることが望ましい。

A 599 □□

シュレッダーで裁断する場合、紙を細長く裁断するストレートカット方式だと復元が可能な場合があるので、縦・横を同時に裁断するクロスカット方式や、ランダムに裁断するパーティクルカット方式の方が望ましい。また、機密情報が印字された紙を、裏紙として再利用することを禁止する必要がある。 ○

A 600 □□

個人情報が記録されている機器および媒体の廃棄については、市区町村が定めている公的なごみ処理の収集方法と同様の廃棄をすべきではない。適切な廃棄を行うため、廃棄基準や手続を策定してそれを従業員に周知して遵守し、さらに、廃棄手続の遵守状況を定期的にチェックする必要がある。 ×

実践トライ!!

情報システムセキュリティ(1)

問題

インターネット利用における暗号化であるSSLの流れとして、下図の（　　）に入る最も適切な用語の組合せを、**ア**～**エ**で答えなさい。

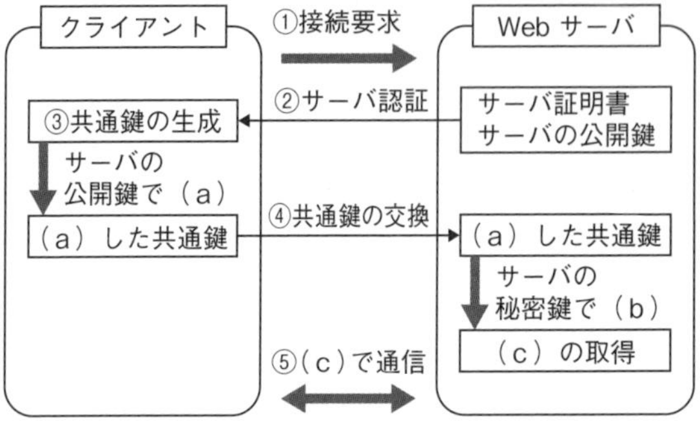

ア　a．暗号化　　b．復号
　　c．秘密鍵

イ　a．暗号化　　b．復号
　　c．共通鍵

ウ　a．復号　　b．暗号化
　　c．共通鍵

エ　a．復号　　b．暗号化
　　c．秘密鍵

解説

SSL（Secure Sockets Layer）は、インターネット利用における暗号化の方式の一つである。公開鍵暗号方式と共通鍵暗号方式を組み合わせることによって、データの送受信の際のセキュリティを高める暗号化通信の規約（プロトコル）である。

SSLのしくみは次のとおりである。

① ブラウザから、セキュアなWebサイトであることを表している「https://～」のURLへ接続要求する。
② ブラウザは、Webサーバからサーバ情報を受信し、デジタル証明書を利用して、サーバの真正性を確認する。
③ ブラウザ側で、サーバIDの情報をもとに共通鍵を生成する。
④ ブラウザは、Webサーバの公開鍵を用いて共通鍵を暗号化し、Webサーバへ送付する。Webサーバは、自分の秘密鍵で復号化し、共通鍵を取り出す。
⑤ 共通鍵を利用した暗号化通信が開始される。

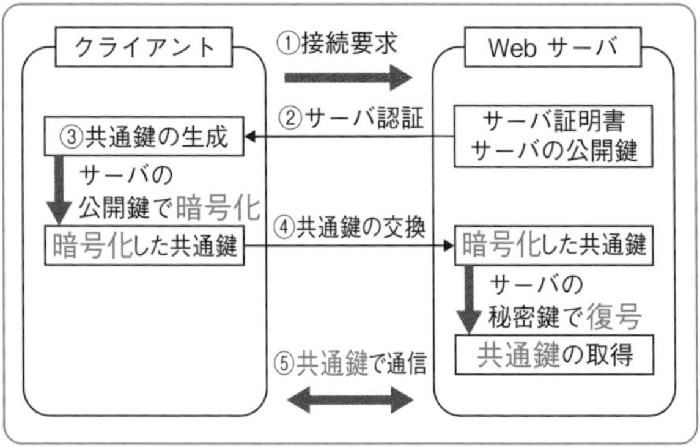

解答 イ

実践トライ!!

情報システムセキュリティ(2)

問題

以下の**ア**から**エ**までのうち、デジタル署名の概要を示した次の図中の（　　）に入る最も適切な語句の組合せを1つ選びなさい。

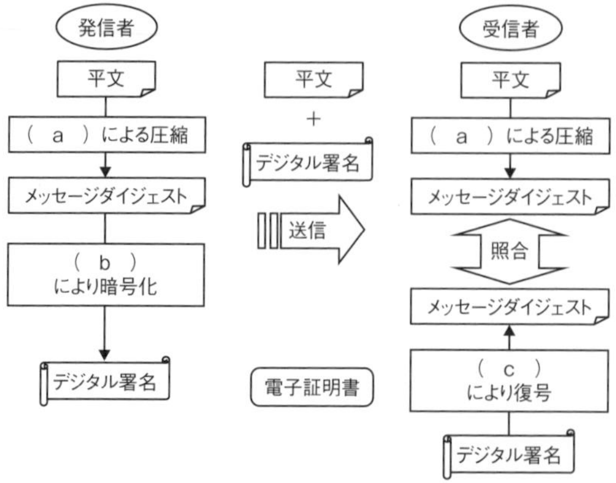

ア　a．グローバル変数　　b．発信者の公開鍵
　　c．受信者の秘密鍵

イ　a．グローバル変数　　b．受信者の公開鍵
　　c．発信者の秘密鍵

ウ　a．ハッシュ関数　　b．発信者の秘密鍵
　　c．発信者の公開鍵

エ　a．ハッシュ関数　　b．受信者の秘密鍵
　　c．受信者の公開鍵

解説

デジタル署名（電子署名）は、電子文書において、紙文書における印章やサイン（署名）に相当する役割を果たすものである。電子文書の本人確認や偽造・改ざん防止のために行われる。

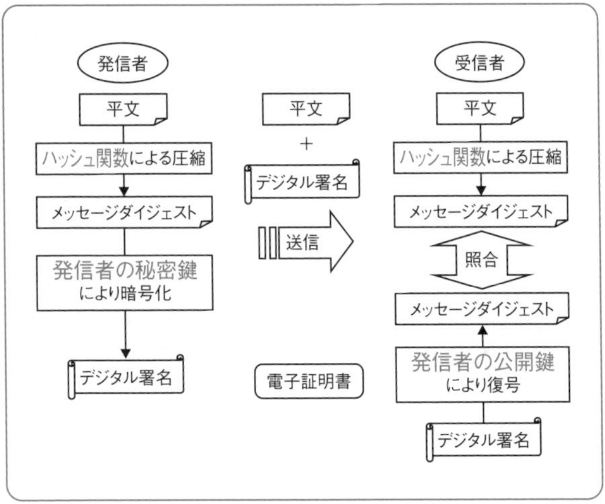

解答　ウ

POINTマスター 情報システムセキュリティ

53 暗号方式のメリットとデメリット

<table>
<tr><th rowspan="2">方式</th><th colspan="2">説明</th></tr>
<tr><th>メリット</th><th>デメリット</th></tr>
<tr><td rowspan="2">共通鍵暗号方式</td><td colspan="2">暗号化と復号化に同一の鍵を用いる。この鍵を秘密鍵（共通鍵）という。慣用暗号方式、秘密鍵暗号方式とも呼ばれる。
DES（Data Encryption Standard）、AES（Advanced Encryption Standard）などの方式がある。</td></tr>
<tr><td>・暗号化・復号化の処理速度が速い。</td><td>・やりとりする相手の数だけ鍵が必要となる。
・鍵の受渡し時の漏えい対策が手間となる。</td></tr>
<tr><td rowspan="2">公開鍵暗号方式</td><td colspan="2">暗号鍵と復号鍵が異なり、暗号文は対になっている鍵でしか復号することができない。つまり、公開鍵で暗号化した暗号文は、秘密鍵でしか復号できない。デジタル文書の正当性を保証する電子署名に応用されている。
RSA方式や楕円曲線暗号などがある。</td></tr>
<tr><td>・一対の公開鍵・秘密鍵があればよく、鍵の管理が容易である。</td><td>・暗号化・復号化の処理速度が遅い。</td></tr>
<tr><td rowspan="2">ハイブリッド方式</td><td colspan="2">公開鍵暗号方式で共通鍵の受渡しだけを行った後、共通鍵暗号方式で実際のデータの送受信を行うもの。
SSL（Secure Sockets Layer）が代表的な方式である。</td></tr>
<tr><td>・暗号化・復号化の処理速度が速い。
・鍵の受渡しが容易である。
・安全性が高い。</td><td>—</td></tr>
</table>

54 電子メールシステムのセキュアな運用例

①クライアント端末におけるメールを暗号化し、デジタル署名を施す。
②クライアント端末からメールサーバであるSMTPサーバへ送信する。
③メールサーバにおいて、ウイルスチェックや一定の条件に基づいて情報を選別・破棄し、その後宛先へ送信する。
④受信側メールサーバにおいてウイルスチェックを実施し、受信記録を管理する。
⑤受信側クライアント端末におけるメールの復号化とデジタル署名の認証により、送信元の確認をする。

55 公開鍵暗号方式によるメールの送受信

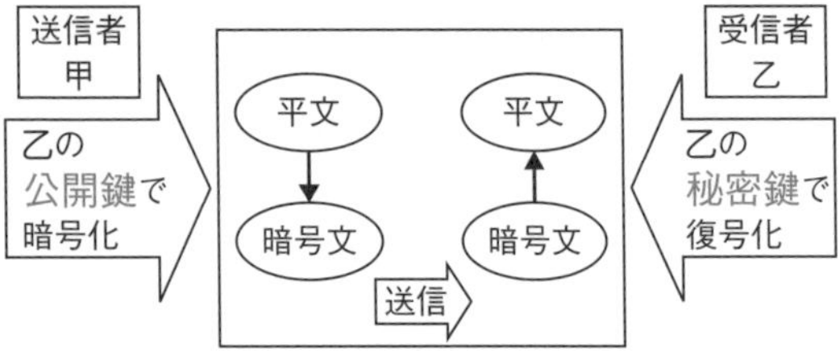

甲は、乙の公開鍵を使ってメール文書を暗号化して乙に送る。メールを受け取った乙は、乙の秘密鍵で復号化する。万が一、メールが第三者に傍受されたとしても、内容が解読されることはなく、機密性は確保されることとなる。

公開鍵は、情報をやりとりしたい相手にあらかじめ渡しておく鍵であり、秘密鍵は、作成した本人が所有し、誰にも公開しない鍵である。

56 ユーザ認証方式の特徴

<table>
<tr><th rowspan="2">認証方式</th><th colspan="2">説明</th></tr>
<tr><th>メリット</th><th>デメリット</th></tr>
<tr><td rowspan="2">パスワード</td><td colspan="2">ワンタイム・パスワードは、アクセスのたびに生成する使い捨てのパスワード方式であり、従来のパスワード方式の弱点をカバーするものである。</td></tr>
<tr><td>・管理コストが低い。
・普及度が高い。
・利用者に抵抗感がない。</td><td>・盗用や忘失の危険性が高い。
・入力操作が必要なため煩雑となる。</td></tr>
<tr><td rowspan="2">スマートカード</td><td colspan="2">名刺程度の大きさのプラスチックカードにCPU、メモリ、セキュリティ回路等のICチップが組み込まれたもの。</td></tr>
<tr><td>・操作が簡単である。
・普及度が高い。
・利用者に抵抗感がない。</td><td>・盗難、紛失、破損の危険性がある。</td></tr>
<tr><td>バイオメトリクス認証（指紋・掌紋・静脈・虹彩等）</td><td>・操作が簡単である。
・偽造・第三者による取得・亡失の危険性が低い。
・認証精度が高い。</td><td>・認証情報の登録に手間がかかる。</td></tr>
</table>

57 不正アクセス対策を施したネットワークの構成例

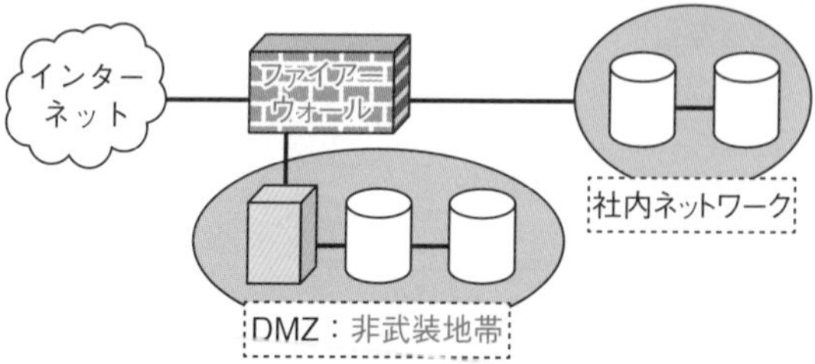

58 コンピュータウイルス

種類	特徴
システム領域感染型ウイルス	ハードディスクのシステム領域（ブートセクタ、パーティションテーブル）に感染するウイルス
メモリ常駐型ウイルス	コンピュータのメモリに潜伏するウイルスで、実行プログラムのすべてに感染する可能性がある
ファイル感染型ウイルス	拡張子COM、EXE、SYSなどの実行型ファイルに感染するウイルスで、元のプログラムの一部や全体を書き換え、感染増殖する
マクロ型ウイルス	マイクロソフト社のOffice製品のマクロ機能を利用して感染するウイルス
トロイの木馬	他のファイルやシステムに感染活動を行わず増殖を目的としない不正プログラムで、様々な亜種がある
ワーム	感染したパソコンで自分のコピーを作り、ネットワークを経由して別のパソコンにも感染を広げていく不正プログラムで、増殖力が強い
ボット	ワームの感染力とネットワーク経由で遠隔操作されるトロイの木馬の特徴を合わせ持つ不正プログラム。ボットに感染したコンピュータは、同様にボットに感染した他の多数のコンピュータとともにボットネットを形成し、その一員として動作するようになり、インターネットを通じて、悪意のある攻撃者が、ボットに感染したコンピュータを遠隔操作する

59 無線ＬＡＮのセキュリティ対策

SSID (Service Set Identifier)	接続先の無線LANアクセスポイントを指定するIDのこと。外部の者が推測しにくいものにしたり、SSIDを見えなくするためのステルス機能を利用することが望ましい。
MACアドレスフィルタリング	個々の無線LAN機器が持つ固有情報を、無線LANアクセスポイントにあらかじめ登録することで、登録されている無線LAN端末（パソコン）だけを接続可能にすることができる。
WEP (Wired Equivalent Privacy)	IEEE 802.11シリーズで規格化されている暗号化方式の一つで、無線電波が第三者に傍受されても、暗号を解読しないとデータを判読することができない。解読ツールが出回り、WPA以降の暗号化方式の利用が推奨されている。
WPA (Wi-Fi Protected Access)	暗号鍵を一定時間ごとに更新するTKIP (Temporal Key Integrity Protocol) による強力な暗号化をサポートした方式で、WEPよりも高いセキュリティを実現している。
IEEE802.11i	ユーザ認証の方式であるIEEE802.1Xや新暗号方式のWPA2を統合してセキュリティ機能を標準化した規格

60 情報システム変更に伴うセキュリティ侵害の例

不適切なケース	セキュリティ侵害
新規画面における入力処理でのチェックが不十分な場合	バッファオーバーフローなどの攻撃によるシステムダウン
新規帳票の保存方法が不明確な場合	個人情報の紛失・漏えい
テスト環境と本番環境が同一コンピュータである場合	本番データの誤った書き換え 試験環境ダウンによる運用停止
開発用のユーザIDがそのまま残っている場合	不正利用・改ざん・情報漏えい

MEMO

著者紹介

ユーキャン個人情報保護士試験研究会

本会は、個人情報保護士認定試験対策本の制作にあたって、個人情報保護法の遵守のため必要な事項に造詣が深い著者を中心に結成されました。執筆者の専門性に加え、通信講座の教材制作で蓄積したノウハウを生かし、よりわかりやすい書籍づくりのために日々研究を積み重ねています。

■ 直《なお》井《い》雅《まさ》人《と》（監修）

弁護士（東京弁護士会所属）

弁護士として実務に携わる傍ら、司法試験や東京商工会議所主催「ビジネス実務法務検定試験®」の教材執筆、受験指導など法務教育にも力を注いでいる。

●法改正・正誤等の情報につきましては、下記「ユーキャンの本」ウェブサイト内「追補（法改正・正誤）」をご覧ください。

https://www.u-can.co.jp/book/information

●本書の内容についてお気づきの点は

・「ユーキャンの本」ウェブサイト内「よくあるご質問」をご参照ください。
https://www.u-can.co.jp/book/faq

・郵送・FAX でのお問い合わせをご希望の方は、書名・発行年月日・お客様のお名前・ご住所・FAX 番号をお書き添えの上、下記までご連絡ください。

【郵送】〒169-8682 東京都新宿北郵便局 郵便私書箱第 2005 号
ユーキャン学び出版　個人情報保護士資格書籍編集部

【FAX】03-3378-2232

◎より詳しい解説や解答方法についてのお問い合わせ、他社の書籍の記載内容等に関しては回答いたしかねます。

●お電話でのお問い合わせ・質問指導は行っておりません。

ユーキャンの 個人情報保護士　これだけ！一問一答集　第3版

2010 年 8 月 27 日　初　版　第 1 刷発行
2023 年 5 月 19 日　第 3 版　第 1 刷発行

編　者　ユーキャン個人情報保護士試験研究会
発行者　品川泰一
発行所　株式会社 ユーキャン 学び出版
〒 151-0053
東京都渋谷区代々木 1-11-1
Tel 03-3378-1400
D T P　株式会社 明昌堂
発売元　株式会社 自由国民社
〒 171-0033
東京都豊島区高田 3-10-11
Tel 03-6233-0781（営業部）

印刷・製本　カワセ印刷株式会社

※ 落丁・乱丁その他不良の品がありましたらお取り替えいたします。お買い求めの書店か自由国民社営業部（Tel 03-6233-0781）へお申し出ください。

ISBN978-4-426-61498-0